経営に活かす
株主総会の実務

投資家目線の活用を考える

編著 鳥飼 重和
　　 中西 敏和
著　 鳥飼総合法律事務所

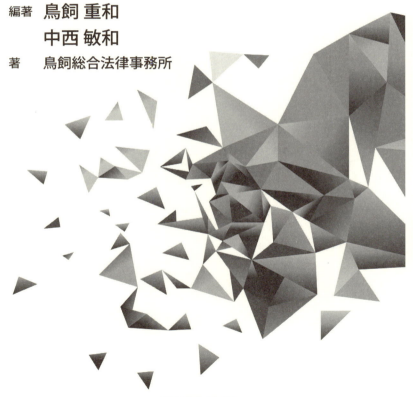

新日本法規

はしがき

　本書は、株主総会の運営にあたる上場企業の議長および役員の実務について書いた本です。そのため、議長や役員を支える事務局スタッフ、経営企画部、法務部、総務部、財務部のほか、若手弁護士などの方々に読まれることを想定しています。

　また本書は、日本経済を軌道に乗せるべく、機関投資家を刺激して経営に対する圧力を強めさせ、もって上場企業の経営者に構造改革を迫ろうとする昨今の政府の方針を「逆風」として嫌うのではなく、むしろ、これを梃に上昇気流に乗る気概をもって「投資家目線を活用」することを中心に据えている点に特徴があります。

　そのため本書は、一貫して「投資家の目線」を意識したものとなっており、その意味で、従来の株主総会の実務本とは異なる内容となっています。

　まず第1章では、投資家の本音を熟知するゲストを迎えて、投資家目線を企業の成長に活かす方法論について論じた鼎談を掲載しています。

　第2章では、議長や答弁担当役員の立場に立ち、最低限おさえておくべき株主総会運営に関する基礎知識を、分かりやすく解説しました。総会屋対策の時代に確立した現在の株主総会実務の流れを踏襲しつつも、変えるべき部分は変えるというスタンスで記載しています。

　また第3章では、投資家目線に立った時、法定事項だけを記載した従来型の招集通知では不十分であるという意識のもと、招集通知に加えるべき工夫の例を紹介しました。

　最後に、第4章では、投資家目線から頻出と予想される事項について、株主総会想定問答集を掲載しました。知識のみではなく、投資家の意識を踏まえたあるべき回答の方向性についても解説しています。

株主総会の実務は、いま、変革の途上にあるといえます。本書が、投資家・株主との緊張感のある関係を、経営改革の基礎に据えたいと考える経営者各位の一助となれば、望外の喜びです。

　最後に、本書の企画・刊行にご協力頂いた、新日本法規出版株式会社の渡辺資之様、松浦直樹様をはじめとする関係者の方々、株式会社日本経営税務法務研究会の関係者各位、パラリーガルの高瀬貴子さん、鈴木淳代さんをはじめとする鳥飼総合法律事務所の関係者に心から感謝申し上げます。

2019 年 3 月吉日

編者を代表して　鳥飼　重和

目　次

はしがき　iii

第1章　本音トーク　～"投資家目線"の経営改革への活かし方～

1. 投資家目線の経営改革への活かし方 ……………………………………… 2
2. 本気で成長したいなら投資家と向き合う覚悟が必要 …………………… 3
3. 投資家の知恵を活用して短期間に時価総額を10倍以上に！ ………… 7
4. 強い企業は対話を通じて気づきを得ている ……………………………… 12
5. 投資家に評価されるために最低限必要なものは何か？ ……………… 16
6. 経営トップのコミットが不可欠 …………………………………………… 24
7. 株主総会決議でカギを握る投資家は誰か？ …………………………… 27
8. 役員選任決議の賛成票を増やすには？ ………………………………… 30

第2章　議長・役員のための株主総会の運営方法

1. いま、なぜ株主総会が重要か　～経営トップが狙われる～ ………… 42
   (1) 経営の評価は「株価」と「役員選任議案の賛成率」に表れる　42
   (2) 機関投資家の議決権行使が厳格化している　43
   (3) 株主総会は個人投資家にアピールする絶好の機会　44
   (4) まとめ　45
2. 株主総会の基本を押さえる ……………………………………………… 46
   (1) 株主総会とは何か　46
   コラム1　上場会社において株主総会の意思確認が必要となる局面　48
   (2) 株主総会の基本目標～会社提案議案を適法に成立させる～　50
   (3) 株主総会に至るまでの流れ　52
   (4) 招集通知とその発送　56
   コラム2　会社法の改正について　58
   (5) 「想定問答」は答弁担当役員も関与して作成する　60
   (6) リハーサルは十分に実施する　61
   (7) その他の準備　63

v

3. 株主総会当日の議事運営 ………………………………………………… 63

   (1) 議長と役員の心構え　64

   (2) 議事は簡潔な「シナリオ」に沿って進行させる　65

   (3) 受付～開会宣言まで　72

   (4) 開会宣言～質疑前まで　74

   (5) 質疑応答の作法　80

   (6) 質疑打ち切り～採決まで　91

   (7) 事務局のサポートが大切　93

4. 好印象を与える役員答弁の仕方とその準備 ……………………………… 94

   (1) 説明すべき事項と言ってはいけない事項　94

   (2) 株主から信任を得るための答弁スタンス　97

   コラム 3 フェア・ディスクロージャー・ルールについて　100

   (3) 答弁時の注意事項　102

5. 株主総会後の対応 ………………………………………………………… 103

   (1) 議事録の作成　103

   (2) 相当数の反対票が投じられた場合の分析　104

第3章　招集通知を"投資家目線"でひと工夫

1. 議案の賛成率と招集通知 …………………………………………………… 106

   コラム 4 「企業内容等の開示に関する内閣府令」の改正案について　108

2. 投資家目線に立って招集通知に追加したい事項 ………………………… 109

3. ぜひ追加したい事項の内容と記載例 ……………………………………… 113

   (1) 経営理念　113

   (2) 資本コストを踏まえた経営戦略・経営計画　116

   (3) 資本政策の基本方針　122

   (4) 役員候補の指名方針など　125

   (5) 独立社外取締役の有効活用など　128

   コラム 5 社外役員について　130

   (6) 取締役会の実効性評価の条件　134

   (7) 招集通知の構成の工夫例　135

第4章 "投資家目線" の株主総会想定問答集

1. "投資家目線"の回答 ……………………………………………………… 138

2. 経営・資本政策等に関する想定問答 ………………………………… 139

  (1) 経営戦略・経営計画と資本コスト　139

  (2) 収益力・資本効率等に関する指標　141

  (3) 中期経営計画の目標未達の原因と対応　142

3. CEO に関する想定問答 ………………………………………………… 145

  (1) CEO の資質　145

  (2) CEO の解任手続　147

4. 社外役員、監査役および会計監査人に関する想定問答 …………… 149

  (1) 独立社外取締役の有効な活用　149

  (2) 監査役・監査役会と社外取締役の連携　151

  (3) 社外役員に対する情報提供　153

  (4) 会計監査人の評価　155

  (5) 会計監査人と監査役等との連携　157

5. 株主総会に関する想定問答 …………………………………………… 159

  (1) 反対票が多かった理由・原因の分析　159

  (2) 招集通知の発送時期　161

  (3) 株主総会の開催日　163

6. 政策保有株式に関する想定問答 ……………………………………… 165

  (1) 政策保有株式の保有数と縮減　165

  (2) 政策保有株式と資本コスト　167

vii

【凡例】

本書において、法令および文献については、次の略称を使用している。

1　法令

金商法	金融商品取引法
開示府令	企業内容等の開示に関する内閣府令
有価証券上場規程	東京証券取引所「有価証券上場規程」
有価証券上場規程施行規則	東京証券取引所「有価証券上場規程施行規則」

2　文献

2018年版白書　　　　　商事法務研究会編「株主総会白書　2018年版—ガバナンス型総会への確かな歩み—」旬刊商事法務2184号（2018年）

対話ガイドライン　　　2018年6月1日付「投資家と企業の対話ガイドライン」金融庁

油布ほか「CGコード原案の解説〔Ⅰ〕」

　　　　　　　　　　　油布志行ほか「『コーポレートガバナンス・コード原案』の解説〔Ⅰ〕」旬刊商事法務2062号（2015年）

油布ほか「CGコード原案の解説〔Ⅱ〕」

　　　　　　　　　　　油布志行ほか「『コーポレートガバナンス・コード原案』の解説〔Ⅱ〕」旬刊商事法務2063号（2015年）

油布ほか「CGコード原案の解説〔Ⅲ〕」

　　　　　　　　　　　油布志行ほか「『コーポレートガバナンス・コード原案』の解説〔Ⅲ〕」旬刊商事法務2064号（2015年）

油布ほか「CGコード原案の解説〔Ⅳ・完〕」

　　　　　　　　　　　油布志行ほか「『コーポレートガバナンス・コード原案』の解説〔Ⅳ・完〕」旬刊商事法務2065号（2015年）

田原ほか「CG コードの改訂と対話ガイドラインの解説」

田原泰雅ほか「コーポレートガバナンス・コードの改訂と『投資家と企業の対話ガイドライン』の解説」旬刊商事法務 2171 号（2018 年）

【参考文献】

中村直人著『役員のための株主総会運営法〔第 3 版〕』㈱商事法務（2018 年）

中村直人・倉橋雄作著『コーポレートガバナンス・コードの読み方・考え方〔第 2 版〕』㈱商事法務（2018 年）

東京証券取引所上場部編『会社情報適時開示ガイドブック 2018 年 8 月版』東京証券取引所（2018 年）

第1章

本音トーク

～"投資家目線"の経営改革への活かし方～

【鼎談者】
中西 敏和（なかにし としかず）
コーポレート・プラクティス・パートナーズ株式会社代表取締役
久保利英明弁護士とともに、現在の株主総会実務の基礎を築く

木村 祐基（きむら ゆうき）
一般社団法人スチュワードシップ研究会代表理事、一般社団法人
機関投資家協働対話フォーラム代表理事

鳥飼 重和（とりかい しげかず）
鳥飼総合法律事務所代表弁護士・税理士
投資家目線を意識した、株主総会の有効活用を提唱

【司会】
島村 謙（しまむら けん）
鳥飼総合法律事務所パートナー弁護士

1. 投資家目線の経営改革への活かし方

島村　本日はお集まりいただきまして、ありがとうございます。高収益体質への構造改革の必要性が指摘されるなか、経営者の皆さんは、思い切った改革をするにはどうすればいいのか、日夜考えておられると思います。

　企業の成長可能性を厳しく吟味して、投資をするか否かを判断し、また投資したうえで厳格に議決権の行使をする、機関投資家の目線を活用することは、そのための一つのヒントになるものと思われます。

　そこで本日は、投資家の目線と企業の対応についてお話を頂くのに相応しいゲストをお迎えして、以上のような観点から、本音ベースでの鼎談を実施します。

　ゲストの紹介をいたします。まず、コーポレート・プラクティス・パートナーズ株式会社の中西敏和さんです。中西さんは、久保利英明弁護士とともに、現在に至る株主総会実務の基礎を築いた先駆者と呼べる方です。このお二人が中心となり、現在の株主総会の様々な仕組みのほとんどを創られました。また同時に、信託銀行の株主総会関連の代行業務を確立した方でもあり、信託銀行を去られたのちは、同志社大学で教壇に立たれ、コーポレートガバナンスやコーポレートファイナンス論の教育・研究にも従事されました。そのため、現在でも、多くの上場企業の経営者から、株主総会関連の相談を受けていらっしゃいます。本日は、企業と投資家の双方を深くご存知の立場から、ご発言を頂きます。

　次に、一般社団法人スチュワードシップ研究会代表理事および一般社団法人機関投資家協働対話フォーラム理事長の木村祐基さんです。木村さんは、シンクタンクや資産運用会社で証券アナリスト業務、企業調査

業務などをリードされ、その後、企業年金連合会年金運用部コーポレートガバナンス担当部長、金融庁の企業開示課専門官を歴任されました。そのご経験から、機関投資家の実態や本音を誰よりご存知です。今日はそのようなご経験を踏まえご発言を頂きたいと思います。

　最後に、鳥飼総合法律事務所代表の鳥飼重和弁護士とその法律事務所のパートナー弁護士の私、島村謙です。鳥飼総合法律事務所は、企業法務と税務を扱っておりますので、クライアントの幅が広く、大手から中堅の上場企業を多く抱えております。そのため、鳥飼弁護士には、中堅の上場企業の経営者の悩みをよく知る立場から、発言や質問をお願いしたいと思います。司会は私、島村が担当します。

2.　本気で成長したいなら投資家と向き合う覚悟が必要

島村　図表1-1は、証券取引所が出している、時価総額ベースでの上場会社の株主の分類です。いま、スチュワードシップ・コードの影響で機関投資家の議決権行使が厳格になってきているわけですが、だいたいb，c，dがその機関投資家に当たり、合計で25％くらいです。あと昔からシビアな投資家である外国人投資家が30％。市場全体で見るとだいたいこうなっています。ただ実際には、こういった株主構成にあるのは大企業だけでして、新興市場の企業や、東証一部の企業でも時価総額がさほど大きくない会社だと全然違う。そういう中堅・新興の上場企業だと機関投資家も外国人投資家もほとんどおらず、いてもせいぜい数％で、あとはオーナーと法人株主や個人株主だったりします。そういった企業にとっては、これから大きくなって機関投資家等を受け入れるのかどうかは一つの悩みどころです。

3

図表1－1　投資部門別株式保有状況

	億円	%	
① 政 府 ・ 地 方 公 共 団 体	9,884	0.1%	
② 金　融　機　関	1,912,762	28.7%	
a　都 銀 ・ 地 銀 等	219,049	3.3%	
b　信　託　銀　行	1,360,103	20.4%	⎫
（a＋bのうち投資信託）	480,037	7.2%	
（a＋bのうち年金信託）	77,070	1.2%	⎬ いわゆる機関投資家
c　生 命 保 険 会 社	215,406	3.2%	
d　損 害 保 険 会 社	74,105	1.1%	⎭
e　そ の 他 の 金 融 機 関	44,097	0.7%	
③ 証　券　会　社	131,948	2.0%	
④ 事 業 法 人 等	1,457,758	21.9%	
⑤ 外 国 法 人 等	2,019,440	30.3%	
⑥ 個 人 ・ そ の 他	1133796	17.0%	

（出典：日本取引所グループ「2017年度株式分布状況調査」より）

中西　まさに日本の会社が戸惑っているのはその点で、要するに株主として外国人投資家や国内の機関投資家が現れるだけで見知らぬ者が闖入してきたような受け止め方をしてきたのではないかと思います。そういう投資家が株主として現れても問題ないようなレベルでやっていこうというのが、今、一番大事なことだと思います。

島村　実際問題、外国人も入ってきてほしくないし、機関投資家にうるさくも言われたくない。だから今のまま、このままでいいと思っている企業も少なくないと思います。

鳥飼　それはそれでいいと思います。ただ、機関投資家に注目されるほどの成長をしたいため、一部の機関投資家の目を引き、上の方を狙う人だっているでしょう。

中西 これについては、社内でも分かれます。たとえば2部から1部へ上がるときでも、社内で真っ二つに分かれるということを何社か経験しています。役員の中にも、時間と労力をかけてまでやる必要があるのかという話は必ずどこでも出ます。一方でそれをやらないとうちの将来はないという議論も出ます。

鳥飼 社長はどちらのほうが多いですか。

中西 社長はそのときどきで変わるのですが、社長が途中で交代してがらっと方向が変わることもあります。

鳥飼 社長次第で、やっぱり方針が変わるのですね。

中西 変わりますね。トップの方針がものすごく大きいのです。それこそ、どんどん買収して企業を大きくしていこうと思う場合には、機関投資家にも保有してもらわないと、株価は維持できません。そうすると、「外国人投資家や機関投資家に保有してもらえるよう積極的にアピールするんだ、そんなの怖くも何ともない、それをやらないと駄目なんだ。」という展開になります。

鳥飼 そういう経営トップは、現にいるわけですよね。

中西 反対に「このままでいい」と言う人も必ずいますよね。おそらくそこら辺が一つの分かれ目だと思います。今後、会社をどう展開していきたいのかということについて、外へ向けて何かやっていこうと思うと、必ず新しい投資家に参入してもらわないと会社の発展性はないですよね。だから、株価を上げて、それを対価として会社を展開していくと

いうようなロジックを持つのか持たないのか。持った場合には何をする必要があるのかということだと思います。

鳥飼 特に今、顕著になってきたのは、政府の方針というか、金融庁や東証の方針なのでしょうけれども、どんどん安定株主比率を下げる方針がありますね。そうすると、実際に僕らも経験していますが、安定株主の比率が下がった企業は、やっぱり株価を上げるためにいろんな機関投資家が賛同できるような施策を取っていく必要があるということになる。明確ですよね。それに対して、安定株主がいる企業は、ある程度はコーポレートガバナンス・コードもしっかりやらなきゃいかんという意識はあっても、本気でそれに取り組もうとするかっていうと、そうでもなさそうな印象です。

中西 ガバナンス・コード改訂への対応を見てもはっきり分かれますね。要するに、「世間並みでいい」と考えるのか、あるいは、「改訂には本気で対応しなきゃいかん、そのためにわが社は何をすればいいか」と考えるのかで、会社の姿勢は分かれますよね。やはり後者のマインドを持つようにしていかなければ、多分、機関投資家から評価されないと思います。

鳥飼 確かにそういう傾向はありますね。

島村 大きくなるには機関投資家、外国人投資家との付き合いは避けられない。それを前提に、それでも成長を目指すのか、現状維持でいいのか。奇しくも、東証は市場第一部の見直し作業を開始しておりまして、具体的な制度設計はこれからですが、今回の東証による市場構造の見直しの目的は、①市場構造を活用することで上場会社の企業価値の向上を

より積極的に動機付けていくこと、②市場構造に応じた特性を市場区分によって示し、国内外からの投資者からの支持を獲得していくこととされています[1]。たとえば時価総額500億円から1000億円を超えた企業でないと最上位の市場には残れなくなる可能性があります。ボーダーライン付近にある企業は、二番目の市場を選ぶのか、あるいは成長して最上位市場に残るのか、重大な選択を迫られることになります。その辺をしっかり、企業としての覚悟を決めておくことがまず重要、ということかと思います。

3. 投資家の知恵を活用して短期間に時価総額を10倍以上に！

島村 企業が成長して大きくなる際には、機関投資家等との付き合いが避けられない、という流れの話を頂きました。逆にですが、小さいうちから積極的に機関投資家の知恵を借りて成長する、というような例はないでしょうか？

木村 そうですね。有名な事例の一つとして、ピジョン[2]がありますよね。みさき投資[3]の中神康議社長という方が、元経営コンサルタントの経歴をお持ちで、10年ほど前になりますが、ピジョンが海外事業に重点を置いた成長戦略を作るときに、みさき投資からも独自に調査した海外市場や競合他社のデータを持っていって、海外の競合他社の営業利益率がピジョンの2倍くらい高いとか、BSやCCC（キャッシュ・コンバージョン・サイクル）についても分析して、社長と何か月も議論したそう

1　https://www.jpx.co.jp/equities/improvements/market-structure/index.html
2　ピジョン株式会社
3　みさき投資株式会社

です。2015年から、みさき投資のパートナーの方が社外取締役に迎えられ、投資家の視点を経営に活かされています[4]。

島村 ROEなどの資本効率の指標で目標を掲げて、その目標のために必要な事業戦略を考えて、たとえば海外事業を強化した、そういう順番で経営を進めたのでしょうか。まさに投資家の視点を経営に活かして成長した例ですね。ピジョンは東証からも表彰されていますが、時価総額350億円からわずか10年で5000億円まで到達されています。

木村 ただ、ここがポイントだと思いますが、社長が本気になって会社を変えていく、というのでないと上手くいきません。投資家は会社を変えられないので。投資家は社長に物を言うだけですから、やっぱり社長が本気になって変わるつもりになるかどうかです。それから、たとえば、「もうちょっと資本効率基準などを入れましょう」と言っても、社長は分かったとしても、現場はすぐには分からないですよね。営業の人にROEがどうだとか、ROICがどうだとか言っても「何それ？」という話になるので、そこをどうやって徹底的に浸透させていくのかとか、その辺はもう本当に会社がどこまでできるかに懸かってくるので、それはもう投資家の力じゃないと思います。

鳥飼 ピジョンの場合は、社長自身が動いて、社内の意識まで変える改革をしたのですか？

木村 そうです。ピジョンでは、PVA（Pigeon Value Added）という独自の付加価値指標を作り、それをPL、BSの要素に分解したPVAツ

4　みさきニューズレター Vol2. 2015夏号参照。
　　http://www.misaki-capital.com/newsletter.html

リーというものを作り、これを全社員向けに勉強会を開いて周知し、社員一人一人の業務目標にも反映させているそうです。社長がいろいろな機会に「PVA が大事だ」という話をし、また経営企画部が中心になって社員向けの勉強会も頻繁に行っているそうです。そういうことで社員の意識も変わっていくという流れだったかと思います。

　他方で、投資家がきっかけということではなく、たとえばカルビーの場合は、松本晃さんという社長が来られて、どんどん改革をやって、短期間に業績も株価も急上昇したという例もありますよね。

鳥飼　松本社長の力量によって上場したわけですからね。しかも時価総額も上がったわけです。

木村　そうですね。

鳥飼　松本さんはプロの経営者といわれているので、それでカルビーを上場に持っていって、株価がぐんと上がりました。今は RIZAP の黒字化で苦労されていますが（2019 年 3 月現在）、財務に詳しい方ですから、立派に RIZAP の財務体質を健全な方向にもっていかれると思います。

木村　だから、そういう意味では、基本的にはやっぱり社長の手腕次第なのかなという気はします。投資家はあくまできっかけを与えるというか、アイデアを提供して改革を支援するという役割だと思います。

鳥飼　反対から言えば、投資家のアイデアを梃子にするように活用するのが会社にとって非常に重要です。

木村　そう思います。

島村 先ほどお話に出たみさき投資ですが、機関投資家の投資スタイルの区分でいうとアクティブ型のうち、投資対象企業の本来の収益力に着目する意味でバリュー投資に分類できると思います。さらに、投資家自ら投資先企業の収益力の向上を支援するため、エンゲージメント型と呼ばれることがあると思います（図表1-2）。

図表1-2　機関投資家の主な投資スタイル分類

1．アクティブ運用 ＝個々の企業の属性に着目して投資先を選定し、株価指数の動きを上回るリターンを志向する投資スタイル。
(1)グロース投資 ＝成長市場で事業展開をする企業など、（今の株価が割安かどうか、ではなく）成長性に着目して投資先企業を選定する。
(2)バリュー投資 ＝本来的価値に比較して株価が割安である企業に投資する。PBR で選定する者（企業価値≒解散価値）もいれば、将来キャッシュフローの割引現在価値をみる者（会社の価値≒稼ぐ力）等も。
2．パッシブ運用 ＝日経平均や TOPIX といった株価指数と同様の銘柄構成の運用を志向する（インデックス運用）。投資先企業の個性をみて能動的に選ぶことはしない。

木村 エンゲージメント型というのは、たとえば国内の運用会社でいうと、あすかアセットマネジメントとか、いちごアセットマネジメントとか、みさき投資とかなんですけど、基本的には投資した株式を非常に長期に持つという運用方針ですよね。一回持ったら、もう5年、10年売らない。その代わり、会社とはとことん議論していきます。それで、会社のほうもそういう投資家との対話をきちんと受け止めて、先ほど言ったように、いろいろ対話をしていく。投資家のその期待に応えましょうということで双方の考え方がうまく合致すれば、その長期投資の対象に

10

なるということになると思うのですね。そして、たとえばあすかアセットマネジメントの場合だと、投資している会社の数が20社以下しかないということのようです。

鳥飼　投資先が、そんなに少ないのですか。それだと本気度がありますよね。

木村　そうですね。非常に厳選して、その会社が長期に付き合っていくことができる会社かどうかということをよく調べた上で投資しているということですね。その代わり、そういう会社の場合は、いったん投資するかどうか決めるときに、会社のトップと相当ディスカッションして、この会社は本当に大丈夫だという所にしか投資しない。

鳥飼　逆に言うと、そういう所に買ってもらいたいという経営トップはそこへ行って、一生懸命、経営内容を説明して、直すべきところは直す、そういう形であれば投資してくれる可能性もあります。

木村　そうですね。

鳥飼　なるほど。そのほうが成長しそうですね。

木村　伸びそうですね。

島村　いわゆるアクティビストというものとは全然違いますよね。

木村　そうですね。そこの違いは、私なりに言うと、アクティビストは、あるテーマを持って、たとえば、「現金保有が多過ぎるから株主に配当

11

として還元すべきだ」とか、「赤字事業を早く売却すべきだ」とか、要求自体は投資家の視点から合理的なものも多いのですが、そのテーマが終わると、株を売却して退出する。一方、エンゲージメントファンドは、さっき言ったように、ずっと長期的に、「次はこういう課題があるんじゃないか」、「その次はこういう課題があるんじゃないか」、「じゃあ次は海外進出しましょう」、「次は資本効率改善しましょう」、ということで、継続的に会社の成長とともに自分たちの投資のパフォーマンスも成長していく、ずっとお付き合いしていくというスタンスです。そういう違いがあると思っています。

島村　エンゲージメントファンドは、株を持ったコンサルのようなイメージですね。

4．強い企業は対話を通じて気づきを得ている

島村　エンゲージメント型の機関投資家の知恵を借りる方法についてお話を頂きましたが、それ以外の機関投資家の活用の仕方は何かあるのでしょうか。既に、ある程度大きい会社で、機関投資家も相応に入っているような会社の例も含めて。

木村　パッシブの議決権行使担当者のファンドマネージャーであれ、通常のアクティブファンドであれ、投資家説明会などの対話の場で普通、投資家側が、「御社、これはどうなっていますか？」などと質問をするわけですよね。一つは、どういう質問をしているかで、投資家がどういったところに関心があるかが分かるでしょう。あとは逆に、企業さんのほうから、「お宅はうちの会社をどう見ているのですか？」とか、「うちの

会社のどこに関心を持っているのですか？」ということを投資家に質問するというのが大事だと思うのですね。今までそれってあまりやっていないのですね。

島村　現状だと、どういう形のコミュニケーションが多いのですか。

木村　普通は、企業の方が一生懸命、投資家に「うちはこういうことをやっています。」と説明するわけです。当たり前ですけど、それがIRですよね。そうなのですが、やっぱりその場で逆に投資家は何を見ているかとか、どこに関心があるのだとかを質問すると、「御社は中国でこんなことやっているけど、実は同業のあそこはもっとこうやっていますよ。」みたいな話があったりとか、いろいろ出てくる可能性があるということだと思うのです。

　逆に言うと、そういう質問をしてもあまり反応がないような投資家とは、もうあまり熱心に対話する必要がないということだと思いますね。そういう意味で投資家をうまく使うという、おっしゃった意味はそういうようなことなのかなと思います。まさに対話なので。よくわれわれは言っているのですが、「取材」じゃなくて「対話」ですよね、ということ。ところが、まだ多くのアナリストの発想は取材なのではないかと思うのですよね。

島村　それはアナリストの方にも、もうちょっと意識改革が必要ということでしょうか。

木村　アナリストのほうも意識改革が必要なのですけど、逆に言うと、企業さんがアナリストに聞きたいと思っていなければ、アナリストも話さないですよね。この会社駄目だなと思って帰るだけなのですよ。

13

中西 今おっしゃったことを逆に言うと、説明会というけど一方的に説明する会ではない、それを双方向の対話の機会というふうに見方を変えれば、企業からもどんどん聞けばいいということになりますね。

鳥飼 それは面白いですね。普通は説明会で終わっちゃってますもんね。

中西 あまり余計なことを言われたくないという意識が強いからでしょうかね。ただ、しっかりした会社は会社の側から聞きますよ。要するに、やり手社長といわれているような人はよく聞きますね。

鳥飼 それはすごいですね。

木村 日本電産の永守重信会長などは、決算説明会でアナリストのレポートにコメントを言ったりしたこともありますね。「先日あなたが書いたレポートこうだけど、ここは違っていると思うよ。うちはこうなんだよ。」などと言って、そこでやりとりが・・・。

鳥飼 これって、対話ですね。

木村 まさに対話ということでしょうね。永守会長に言われちゃうと、アナリストのほうもその場ですぐに反論はできないかもしれないですけど。それだけアナリストの書いたレポートを見ているっていうことですよね。

鳥飼 それは立派ですね。

島村 今おっしゃって頂いたような「逆に聞く」という場面は、具体的

には投資家説明会ですか。要するに、「一対多数」でやっている場。

木村　一対多数の場合だとなかなか難しい面はありますよね。アナリストのほうもみんなの前であまりしゃべりたくないですしね。要するにこの会社のどこに注目しているのかって、人の前で言わないじゃないですか。

島村　手の内がばれてしまうから、それは大変なことですよね。

木村　だから一対一で会うときのほうがベターだとは思いますね。

鳥飼　アナリストっていうのは一つの会社をずっと眺めているじゃないですか。だから、他の人より全然知識は深いですよね。それを利用しないのはもったいないです。

木村　利用しないのはもったいないですね。アナリストって、会社全体の戦略や収益性がどうだとかいうのを、同業他社などとも比較しながら見ているわけじゃないですか。でも、会社の中で会社の全体を見ている人って、限られた人しか、多分、いないのではないかと思うのです。

鳥飼　ある食事会で、アナリストが数人とその中に伊藤レポートで有名な伊藤邦雄先生もいて、財務などの分析の仕方とかの議論しているところを見ると、アナリストってそこまで詳細に研究しているのかっていうぐらい、本当に会社の内容を知っている。ああいうのを経営者が聞くと勉強になるのではないかなとその場で思ったことあるのです。それを利用しようっていう話でしょうね。

木村　そうですね。

5. 投資家に評価されるために最低限必要なものは何か？

島村　エンゲージメント型投資家に入ってもらうにせよ、ほかのタイプの機関投資家にアピールするにせよ、彼ら（機関投資家）には「何が一番響くのか」が知りたいところです。まずエンゲージメント型投資家の協力を得る入口は。

木村　エンゲージメント型の投資家の場合には、技術なり営業なり財務なり、何か会社の強みというものがあり、しかし何らかの理由で収益が停滞している、という会社を見つけて、会社が変わる意思があるかどうかをヒアリングして、投資先を決めていくということになると思います。もちろん、最初にある程度、機関投資家にアピールできるような経営計画なり、中期計画なりを出して機関投資家にぶつけるというプロセスがあれば、より有効だと思います。そのプロセスは、一般のアクティブ型の投資家でも同じだと思います。

中西　それは地道に発信するほかないのですね。

木村　会社が変わる意思があるのだということを発信することが重要だと思います。

鳥飼　発信の仕方は、どういう形が良いのですか。

木村　難しいですけど、やっぱり当たり前に、決算説明会などの場をきちっと使ってきちっと情報を出していって、それは1回では多分、なかなか見てくれないと思うのですが、それを2回、3回とやっていくしか

ないように思います。そうすると、1人、2人、「あの会社面白いよ」って言う人が出てくる。そうするとだんだんその評価が広がってくる。この業界では、そういう口コミのパワーも大きいので。

鳥飼 目立たないと駄目だということですか。

木村 そうですね。ほかの会社との違いを示すっていうのが大事ですね。あとは東証などでもやっている、いわゆる投資家向けのIRセミナーの場で、1日に何社もいっぱい出てくるような。

鳥飼 セッティングされている場ですね。

木村 そういう所にできるだけ積極的に行くというのも大事だと思いますね。そうすると、あんまり関心がなくても順番に登壇してくれば取りあえず聞いてくれる。そこで何か目立つポイントがあって、「おお」っていう、何か「面白い会社じゃないか」みたいに関心を持ってもらえれば全然違いますよね。

島村 そこで目立つにはどうすればいいですか。際立った技術やアイデアなどがある、という企業なら、放っておいても注目されますが、そういうことでなく、誰でもやろうと思えばできることで。それはもうケース・バイ・ケースですか?

木村 それは、どのような事業であれ、昨年のガバナンス・コードの改訂で示された「資本効率を踏まえた事業計画」が一番大事だと思います。投資家の最大の関心は、何と言っても資本効率ですから。

17

島村 本当にそういうものなのですか。

木村 そういうものなのですよ。投資家が何を見ているかって、一番の基本は、やっぱり資本生産性、あるいはROEといってもいいのですが、要するに収益率なので。最近の例でいうと、サンゲツ[5]という会社に、シルチェスター[6]というイギリスのバリュー長期投資家が投資していて、大量保有報告書によると17％くらい保有しています。このシルチェスターという会社は、日本の典型的ないわゆるキャッシュリッチな企業にたくさん投資しています。サンゲツはインテリアの分野のトップ企業ですが、自己資本比率が80％で、現金をたくさん持ち、ROEが4％前後といった会社だったのですが、たぶんシルチェスターが積極的にエンゲージメントを行って・・・。

鳥飼 注文を付けたのですね。

木村 で、2015年の株主総会で、取締役選任議案の賛成率がのきなみ70％台になってしまったのです。その後に・・・。

鳥飼 経営トップは危機感を感じたでしょうね。

木村 その影響で資本効率を踏まえた中期計画を発表して、ROE8～10％を目標にするとか、グローバル展開を強化するとか、中計期間中の株主への総還元率（配当＋自社株取得）を100％超とするなど、資本政策などがものすごく変わってきて、株価もPBRが解散価値以下といわ

5　株式会社サンゲツ
6　シルチェスター・インターナショナル・インベスターズ

第1章●本音トーク〜"投資家目線"の経営改革への活かし方〜

れる1倍未満だったものが、1倍を大きく上回るまでに上がってきました。

鳥飼　資本効率のさらなる向上を、とか。

木村　そう。やっぱりそこなのです、投資家にアピールするのは。今、日本の会社で一番欠けていることって、そこが抜けているのですよね。

中西　事業ポートフォリオの見直しとか、そういう具体的な何かを示すと分かりやすいですね。資本効率を高めるために何をやっているか、もしくは具体的に言うとすれば、「事業ポートフォリオの見直しをやっています」、「こういった研究投資をやっています」、「こういう方面の研究開発をやっています」というようなことを言えば分かりやすいかもしれない。

木村　そうですね。エーザイとか、オムロンとか、花王とか、資本効率を意識した経営で有名な会社がありますよね。これらは大企業ですけれど、でも、これらの会社が言っていることは中堅・新興企業でも非常に参考になる、当てはまることだと思うのですね。

鳥飼　逆に言うと、資本効率を踏まえた計画となると、おのずと事業が変わってくるでしょう。

中西　エーザイの場合、現在何をやって、それが今どのような状況にあるかということが分かりやすく記載してあります。いろいろなことをやっているけど、それを具体的に記載するということが大事なのだと思います。ただ単純に「資本効率を上げます」とだけ言ってもあまり分か

19

らない。具体的に「今年はこういうことをやったので売上や利益に増減が生じた、次はこういうことを目指す」ということを具体的に記載するのが一番分かりやすいですよね。エーザイの場合、こういう研究開発をやって今それがこういう状況にある、こういう分野への投資を研究している、あるいは新規事業に進出するということが分かりやすく書かれていますね。どこまで書けるかといった問題は別にして。何かやっています、うちは行動していますということは、非常に心に響くのですよね。

島村　経営計画について少し。経営計画の作り方には、いろいろなものがあると思うのですけども、私が関与させていただいた案件で、中小規模の会社の経営計画の作り方って、やはり売り上げありきなのですね。だから、売り上げを上げるためにはどうすればいいかと、とにかく営業目線なのですね。それに対して、資本コストを踏まえた経営計画っていうのはどういう目線になるのですか。

木村　経営者の考え方として、特にまだ小さい会社の場合は、会社のビジョンとして、基本的に売り上げ目線ということ自体は別に間違っていないかなと思います。上場会社であれば売り上げ 100 億で止まってしまっては魅力がないので、やっぱり 1000 億目指しますっていうのは重要なことかなと思います。ただ、そのときに、じゃあ 1000 億になるためには、どれだけの資本が必要になるのか、負債調達がいくら必要で、株式調達がいくら必要か、そうすると今、バランスシートはたとえば総資産 100 億なのだけれど、売り上げが 1000 億になるときに、総資産が 500 億で売り上げ 1000 億が達成できるのか、あるいは総資産 2000 億まで投資しないと達成できないのか、そういったバランスシートの感覚を入れておかないと、資本効率というものを大きく損なう可能性があると思いますね。

20

要するに、実現性というか、売り上げを伸ばすための資本の裏付けをどう考えているのですかっていうことが必要だと思います。で、日本の会社ってそこが弱いのです。そのときに、必ずしも安定した利益が必要ということではない。たとえば、IT企業でよくあると思うのですけど、今後5年間はどんどん先行投資するから「当分は利益は出ません」というようなケース。Amazonなどかつてはそうだったわけじゃないですか。全く利益が出なくて、売り上げだけどんどん伸びる。でも時価総額はあっという間に何兆円になってしまった。まあ、あれはアメリカだからそういうことができたという面があるので、日本では難しいかもしれないですけど。でも、何かそういう、投資家のよく言うエクイティ・ストーリーが必要ですよね。投下資本はこうなって、長期的にはこういうリターンになってくるのだということを踏まえて、投資するお金の部分をちゃんと説明できるかどうかっていうのがすごく大事だと思うのです。

中西 一時、モバイルビジネスなどはそういう説明をしていましたよね。携帯電話が広く行き渡ってインフラが整備されるまではタダ同然でやるけれど、行き渡ったときにはこんな事業になります、という説明をして資金を集めたのですね。だから、そういう描き方ができればいいのですが、何の方策もなしに売り上げを倍にするというだけでは、当然コストも倍になるわけですね。だから、そのための方策として、たとえば企業買収するのか、あるいは、何か新規開発するのか、ということを示さないと評価されないでしょうね。

木村 そうですね、投資を考えるということは、要するに資本効率を考えるということなので。

島村 あとは、運転資金も一応2倍になりますよね。

木村 運転資金も必要なので、そこは、たとえば、サンゲツでも、最近よく使われるキャッシュ・コンバージョン・サイクル[7]を、数年前まで100日以上だったのを75日〜60日にするという目標値を掲げていまして、それも含めて、資本をどう効率的に使うかという観点が必要なのではないか。

島村 で、ある程度の売り上げ規模も確保できるようになってきたときは、もうあとは・・・。

木村 あとは効率性を上げていくのか、全くまた新しいマーケットに出るのか。それはまた、全然別の話になってきます。けれど、もし今、まだ売り上げ100億、200億で成長途上にあるという会社の場合だったら、大きな売り上げ目標を打ち出して全然構わないと思うのです。むしろ（目標売り上げ）1000億って言ってくれたほうが、投資家の目を引くと思いますし、投資家がその会社の計画を問いただしていく対話の材料になります。まさに投資家に評価されるような事業プランを持つということでもあるわけですよね。

島村 それでは、既に売り上げの規模もそれなりにある企業という前提で、資本コストを踏まえた経営戦略や経営計画はどう作られるか。たとえば、資本コストを意識しない経営の場合、各事業部から売上増やコスト削減目標を出させて、それを全社分束ねても、一応、会社の経営計画は作れます。ほとんど原価管理の発想ですが、これだとボトムアップでも何とかなる。

7　買掛金の支払時から売掛金の回収までに要する期間のこと。これを短縮すれば必要な運転資金が小さくなる。

中西 資本コストを踏まえたら、ボトムアップだけでは上手く行かないですよね。要するに、資本コストを上回るリターンが描けないと失格だから、ボトムアップで出て来たROEが（株主）資本コストを超えてこないなら計画そのものを見直す必要がある。既存の事業ではどう頑張ってもそれ以上はいかないというなら、事業そのものを入れ替えることも考えないといけない。ボトムアップで、「私の担当事業は収益率も将来性も低いから撤退すべきです。」なんて言う担当者はいないでしょ。これはトップの仕事ですよ。要するにボトムアップで上がってきたものをもう一度、全社的な目線で見直さないとだめで、それがトップの役割ということです。

島村 資本コストを踏まえると、事業の組み合わせ（事業ポートフォリオ）も俎上に上がってくる。全社的視野に立った意思決定が不可欠ですね。逆に、そうだとすると、資本コスト経営では経営者に求められる資質も変わってくるのでしょうか。従来だと、現社長が、自分の育てた事業を大事にしてくれそうな人を後継者に指名している、というような批判を耳にすることがあります。資本コスト経営だとそれでは会社がもたないとか。

鳥飼 それは一概には言えない。今の経営者だって会社の将来を考えて後継者を選んでいる人の方がたくさんいるから。ただ、先見性とかリーダーシップみたいな部分が、より重要視されるようになることは間違いない。

6. 経営トップのコミットが不可欠

島村 次に、理想的な IR 担当者はどういう資質を備えているべきですか？これからは会計やコーポレート・ファイナンスの知識は必須だったりするのでしょうか。あるいはそれは CFO の問題ですか。

中西 いや、会社の規模が小さいうちはトップの問題ですよ。

鳥飼 経営トップそれ自体が IR 担当ですよ。

中西 トップをいかに前面に出すかです。そしてトップに語ってもらう。ある程度の支えは必要かもしれませんが、トップがそういうビジョンを持っていない会社は、やっぱり投資家の目は引かないですよね。IR 担当がどんなに良い説明をしても、トップがビジョンを持ってないと駄目だと思います。

鳥飼 もう一つ思うのは、トップがビジョンを持っていても、話し方がうまくないと全然アピールできないじゃないですか。トップがそういうのを勉強しているかというと、人の前で話して魅力的な話をするっていうのは、あまり訓練されてないですね。

木村 そうですね。それは、話し方もですけど、どちらかというと、見せ方っていうと言葉は悪いのですが、やっぱりそこが整理されてないから説得力が出てこないのだと思うのです。良い方の例をあげると、たとえば丸井という会社、皆さんご存じだと思います。前は、丸井って要するに小売業なのですが、マルイのカードをやっているじゃないですか。

で、公表される財務諸表は、小売り事業もカード事業も全部一緒にして、流動資産が幾ら、固定資産が幾ら、借入金が幾ら、自己資本が幾らとなっていますよね。丸井ではそれを、小売り事業と金融事業に分離して、それぞれの ROIC（投下資本利益率）を示し、それぞれに資本がこれだけかかっていますというのを分けて、小売り事業の資本のほうは自己資本中心にやります、一方、金融事業のほうは、営業債権が非常に大きくてどんどん回転していくので有利子負債調達中心にしますと明確に示したわけです。その結果として、全社の自己資本比率は30%前後を目指します、といった説明に変えたのですね。それで投資家の評価もがらっと変わった。

木村　非常に分かりやすくなったのです。それって、社長の話し方がうまいかどうかというよりは、まさに基の資料の作り方というか、そこがすごく大事だと思います。それはやっぱり社長自身がそういうふうに頭が整理されてないと、多分、そういう説明もできないので。やっぱり何か適切なコンサルがもしかしたら必要かもしれない。あるいは投資家と本気で深く議論するとか、そういう外部の目なども参考にして、自社の事業の特性を改めて整理して定義するとか、そういうことをきちっとやることが必要ではないか。見せ方イコール経営そのものなのですよね。経営の中身が分かっていないと見せ方が分からないので。

鳥飼　でもやっぱり社長の話し方は重要です。たとえば、弁護士ドットコム[8] を創業した元榮太一郎さんは弁護士でもあり、経営トップでもあり、今、参議院議員でもあるのです。彼はちゃんとしたプロに付いて、話し方を訓練で学びました。その結果、説明の上手さが全然違いますね。

8　弁護士ドットコム株式会社

今、安倍首相も昔のときの説明の仕方と今と違うのは、やっぱり専門家が付いてやっているから、落ち着いて説得力のある言葉になっている。やっぱりプレゼンのやり方で説得力が変わりますよね。そこをアメリカはやっているのですけど、日本は全然やらない。

島村　中西さんは先ほど、誰が話すかについて、小さい会社のうちはトップがビジョンを持ってないと投資家に響かないとおっしゃったのですけど、それはなぜか、もうちょっと掘り下げて頂くことはできますか。

中西　それはなぜかといいますと、要するに小規模の会社というのは社長が引っ張らないと誰も付いてこないからです。いろんな投資家が来て、いろんな意見が出ても、その段階では個人投資家とオーナーしかいないわけですから、社長が明確なビジョンを持っていなければ信用されないと思います。また今の見せ方の話ですけど、社長をサポートすることはできるのです。見せ方は教えることもできるし、変わることもできる。いろんなツールがありますから。ただ、基本的に社長が信念を持って整理できていないと、またビジョンを持っていないと、そこから先へ進まないということです。

島村　計画自体への社長のコミットが見えないと、結局、本気度というか、実際にその計画がきちっと遂行されるのかどうかに対する信頼度が違ってきますね。ただ、計画作成のプロセスは様々な人がサポートできると。

中西　トップが計画自体の意味を十分理解した上で、その実現のために投資家を広く募る必要がある、多数の投資家がいないと、この会社は本当にやっていけないんだと、そこのところを、きちんとアピールし、会

第1章●本音トーク～"投資家目線"の経営改革への活かし方～

社のビジョンをきちっと伝えて、株を保有してもらうんだという、いわば自社株のセールスです。それがはっきりしていれば、周囲もサポートできるし、まさに株主総会のように、いろんなツールを使って見せ方を工夫することもできます。

7. 株主総会決議でカギを握る投資家は誰か？

島村 続いて株主総会です。冒頭でも触れたとおり、スチュワードシップ・コードの影響で、議決権行使基準と行使結果の個別開示を行う関係上、機関投資家の議決権行使がシビアになっています。また外国人投資家は昔から厳しい。中堅・新興の上場会社が大きくなることをちゅうちょする理由の一つに、機関投資家が多く入ってくる結果、取締役選任議案の賛成率が下がるといった影響への危惧もあるかもしれません。

　そこで次に、機関投資家の株主総会における議決権行使についてお話しいただきたいと思います。まず、一般論として、数ある機関投資家のなかで、特に誰の影響力が強いのか。単純に考えれば、議決権を多く持っている株主の影響が大きいわけですが、機関投資家、特に図表1－1でみた「b信託銀行」という株主は、株主名簿をみてもその実態が分からない。名簿上の株主の裏側にやや複雑な構造があって、それぞれが議決権行使の基準を出している。そのなかで、いったい誰の出している基準が実際に機能しているのか。

　中西さんにご提供頂いた図表1－3ですが、これは、図表1－1（4頁）の「b信託銀行」の裏側は、おおむねこういう構造になっている、という模式図になっています。

27

図表1-3　信託銀行保有株式の保有状況と議決権行使の実状

資金勘定（拠出者）	議決権行使の実権力者	行使結果の開示
自己勘定（預金・合同運用信託）	信託銀行	非開示（通常、賛成）
受託資産（公的年金（GPIF 等）	信託銀行が運用も受託している場合 →信託銀行の裁量で行使	信託銀行（行使基準）が 行使結果を開示
同上	運用は信託銀行以外の運用機関 （アセットマネジメント等）の場合 →運用機関の指図に基づき行使	運用機関（行使基準）が 行使結果を開示
企業年金	信託銀行が運用も受託している場合 →信託銀行の裁量で行使	信託銀行（行使基準）が 行使結果を開示
同上	運用は信託銀行以外の運用機関 （アセットマネジメント等）の場合、 →運用機関の指図に基づき行使	運用機関（行使基準）
同上	企業年金連合会等自らが運用する場合 →その指図に基づき行使	企業年金連合会等（行使基準）
投資信託	投信委託会社の指図に基づき行使	投信委託会社等（行使基準）
退職金給付信託	企業	非開示（原則賛成）
株式給付信託等	信託管理人（通常、企業内機関）	非開示（原則賛成）

中西　まず、株主名簿上の名義でいうと、その多くは日本マスタートラスト信託銀行といったいわゆる資産管理信託銀行ということになるので、最終的には、株主判明調査でも行わないと実態が分からないのですが、分かりにくくしている原因の一つは、所有区分でいうと金融機関、特に信託銀行と区分されている株式の保有と議決権行使の状況だと思います。これをざっと機械的に整理したのが図表1-3ということになります。簡単に説明しますと、まず、自己勘定、これは預金や信託（合同運用指定金銭信託）で集めた資金の運用として保有する株式です。これは信託銀行が直接議決権行使をしますが、都市銀行や地方銀行等と同様、行使結果は開示されません。次に GPIF[9] のような公的年金からの受託資産です。別に、企業年金からの受託資産もあります。これらは、運用機関の指図をもとに議決権を行使するのでそれぞれの運用機関が行使結

9　年金積立金管理運用独立行政法人。略称は GPIF（Government Pension Investment Fund）。

果を開示します。もちろん信託銀行が運用を委託されるケースもあり、この場合は信託銀行の基準で議決権を行使し、行使結果を開示します。また、投資信託も受託しており、この場合はそれぞれの投資信託の委託会社等が議決権を行使し、結果を開示します。このほか、退職金給付信託や最近はやりの株式給付信託といったものもありますが、これらは原則として各企業が行使するため、行使結果は開示されません。要するに、信託銀行が所有しているといってもこれだけ違うということをご理解いただければと思います。

あと、それぞれがどれぐらい持っているかということですが、東証の株式分布状況は、通常、上場各社の株主名簿管理人（主に信託銀行）から提出されたデータをもとに作成されます。当然、そのデータは、各社にも統計表として株主名簿（期末現在の株主一覧表）とともに提出されるので、そこからも知ることができます。東証の株式分布状況では、投資信託分や年金信託分（公的年金を除く）が信託銀行に内書きされますが、各社に提出される資料にも該当するものがあれば、それを見て知ることができます。ただ、圧倒的に今、受託勘定として注目されているのは、公的年金、GPIFとかが大きいですかね。

島村　GPIFも独自というか、自分たちの基準だか、議決権行使方針のようなものを開示していますが、それは・・・。

中西　それはあくまで方針にすぎないのであって、信託銀行が運用を任されているものは、信託銀行がその基準で行使するということになります。

島村　だとすると、いろんな機関投資家があって、皆さん、議決権行使基準を出している中で、実際の影響力という意味で重要なところは、信託銀行等の運用機関ですか。

木村 そうなのですが、GPIF とか、その他の公的年金から議決権行使の基準が出されていますよね。それは、受託運用機関の行使基準に影響力があるので、結果として実際の行使に非常に大きな影響力を持っているのですね。実際の行使者は運用機関だし、運用機関の基準に従って行使されているのですが、その運用機関の行使基準自体が GPIF などの基準にかなり影響を受けているっていう、そういうふうに見たらいいと思います。

8. 役員選任決議の賛成票を増やすには？

島村 そうすると、GPIF などの方針の強い影響を受けつつも、実際の議決権行使は運用機関である信託銀行などの議決権行使基準に基づいてなされていると。そこで次に、主な機関投資家の議決権行使基準、特に役員選任議案に関するものだけを大ざっぱにまとめた資料を用意しました（図表1-4）。

図表1-4　機関投資家に共通する議決権行使基準（役員選任）

社内取締役の選任反対基準	社外取締役の選任反対基準
1. 業績関連の基準 　・連続して赤字決算 　・連続 ROE ○%割れ等 2. ガバナンス関連の基準 　・社外取締役が○名以上選任されていない 　・取締役の人数が○名を超える等 　・重要不祥事の発生	・独立性の欠如 ・取締役会出席率が低い ・多数の社外取締役を兼務 ・在任期間が○期を超える等

島村　右側が社外取締役選任議案の議決権行使基準です。これは、独立性ですとか、出席率とか、そういった外形的な基準ばかりが並んでいます。

　むしろ注目したいのは左側の社内取締役の方でして、こちらの議決権行使基準は一応、二つに分けることができます。一つが1番目の業績関連の基準。たとえば何期連続赤字だと反対するとか、連続でROEが何％、あるいは、過去5年の平均ROEが何％以下だと反対するなど。2番目にガバナンス関連の基準が出てきまして、社外取締役が何名以上いないと反対ですとか、取締役の人数が多過ぎると駄目とか、そういった基準が、今、一般的には挙がっています。

島村　実態として、議決権行使基準がおおむねこうなっていることは異論がないかと思います。そこで次に、図表1-5は、三菱UFJ信託銀行の、去年の6月の総会シーズンにおける社内取締役選任議案の議決権行使結果から数字を拾ったものです。

　業績関連の基準で、たとえば3年連続赤字で反対した数というのは、42人の役員が反対票を投じられています。で、選任議案の数、分母が1万3102あったので、比率としたら0.32％、そういう形でデータを作っています。

　それでいくと、5期連続、ROE5％割れという基準でも2.14％反対されているのですが、下の方の社外取締役が複数選任されていないという理由での反対率3.24％の方が数としては大きくなっている。

　法律業界に身を置く者の実感としても、今のところ、この社外取締役基準というのがクローズアップされているような感覚があるのですが、この状況を見て、役員の選任議案の賛成率を上げていくために何が重要かと考えると、今のところこの社外取締役うんぬんというのは大事なのか、あるいはやっぱり・・・。

図表1−5　三菱UFJ信託銀行の議決権行使結果（社内役員選任議案）

		2018年4月〜6月総会		
		反対票の数	選任議案数※	比率
業績関連の基準	3期連続赤字（経利 or 当利）等 →在任した取締役の再任に反対	42人	13,102人	0.32%
	5期連続ROE5％割れ等 →在任した代表取締役の再任に反対	35社	1,636社	2.14%
株主価値を毀損する取締役会決議	必要以上の金融資産を特段の理由なく保有しており、剰余金処分議案が上程されていない（反対理由より）	19人	13,102人	0.15%
	妥当性に乏しい配当政策を取締役会で決議（反対理由より） →取締役の再任	52人	13,102人	0.40%
ガバナンス関連の基準	不祥事により経営上重大な影響 →代表取締役／関与した取締役等の再任に反対	21人	13,102人	0.16%
	社外取締役が複数選任されていない→全取締役の選任に反対	424人	13,102人	3.24%
	親会社等を有する場合で、独立取締役が1/3以上選任されていない→全取締役の選任に反対	918人	13,102人	7.01%

（出典：三菱UFJ信託銀行の議決権行使結果を基に鳥飼総合法律事務所作成）

中西　いや、数の上ではそうですが、社外取締役の場合、形式基準で明確ですから、その要件を満たした社外取締役を選任すれば自然に反対率は下がる話です。やはり、経営者としてやらなければいけないのは、上段の業績関連基準、特にROE基準をいかに満たすかでしょう。あくまで、先ほどの数字は、多分、一過性の問題だと思います。現に、社外取締役を複数選任する会社はどんどん増えていますから、要件を充たす社外取締役を複数選任すればそれで済む話ですよね。

木村　10年前の議決権行使っていうのは、文字通り議案そのものに反対していたのですね。議案そのものっていうのは、たとえば、ストックオプション付与の承認議案に対してOKですかNGですかとか。あるいは、役員報酬改定議案に対して承認しますか反対しますか、そういうことです。でも、それがだんだん変わってきて、この業績基準などがまさにそうだと思うのですが、業績が悪いですっていうのは議案にはないわけですね。しかし、業績が悪いのは経営トップの責任だろうということ

で社長の再任に反対するという基準ができてきたわけです。次には、社外取締役が入ってないと、それは、社外取締役に反対するのではなくて、そういう取締役会体制を作っている社長に反対するということになったわけですね。そういうことで、今、流れとしては、結局、経営の責任は社長にあるから、何か経営で良くないことがあったら、社長に反対という基準に持っていくっていう、そういう流れなのですよ。

　で、たとえば、今度のガバナンス・コードでいうと、政策保有株式を減らしましょうってなっていますね。そうすると、将来的には、じゃあ政策保有株式を減らしていない場合は社長に反対とか、あるいは、役員報酬の決め方が良くない、でも役員報酬についての議案はないので、そうすると役員報酬の決め方が悪い場合は社長に反対とか。

　これは、あくまで今後の可能性として議論しているだけですが、基本的にはそういう流れだと思います。やっぱり経営の中で何か問題があったら、あるいは、投資家の意向と合ってないということについては、経営の責任者に反対するのだという、だんだんそういう流れになりつつあるのではないかということです。今は、先ほどご説明があった基準で議決権行使がされていますが、将来もずっとこのまま同じというわけではないので、そういう意味で、繰り返しなんですけれど、まさにガバナンス・コードで書かれているようなガバナンス体制などについては、一つ一つ対応しておかないと、将来的にはまた機関投資家の議決権行使の基準が変わって、社長への反対票が増えていく可能性がありますということなのかなと思います。

島村　今、お話をいただいた中で、もう一つ疑問があるのですが、コーポレートガバナンス・コードと機関投資家の議決権行使基準が、対応する関係にあるという前提でお話をされたと思うのですが、そこはどうなのですか。

木村 それは、もともとコード自体が、投資家の期待値というのをかなり考慮して作られているということだと思います。

島村 それは実感としても、ガバナンス・コードは多くの機関投資家の要望を反映していると感じられますか。

木村 そうですね。たとえば社外取締役を増やしましょうというのは、少なくとも海外の投資家はずっともう10年も前から言ってきている話ですよね。政策保有株は市場の規律を考えたら良くないから減らしましょうというのも、これは投資家が言っている話ですし、あるいは情報開示を増やしましょうとか、役員報酬は業績連動が望ましいとか、基本的にはそういう投資家の期待を金融庁・東証の有識者会議で取りまとめたものがガバナンス・コードだという理解でよいと思います。だから、投資家の期待とかけ離れて企業のガバナンスを論じているっていうことではないと思うのですね。

島村 投資家の期待の「最大公約数」がコーポレートガバナンス・コード、というふうに、今は見て構わないということですね。

木村 はい、そうです。

島村 ちょっと話は戻るのですが、とはいえ図表1−5の中にあるガバナンス関連の基準と、業績関連の基準というふうに分けるとすると、ガバナンス関連については、やがてはみんな充たせるようになるだろうから、だとすると、将来的には機関投資家の投資行動で重要視されるのは、やはり業績になってくるだろうと。

木村 そうですね。基本的にはもちろんそちらが中心ですよね。

島村　赤字を垂れ流さないという基準は当たり前だとして、だとすると、このROE何％っていうところが重要なのではないかという考えがあり得ると思います。そこで、有力な機関投資家や議決権行使助言会社について、この ROE の基準だけを並べたのが図表1−6 です。

図表1−6　社内取締役選任の議決権行使基準（ROE関連）[10]（2019年3月現在）

ISS	・資本生産性が低く（過去5期平均の自己資本利益率（ROE）が5%を下回り）かつ改善傾向（※1）にない場合（※2）、経営トップ（※3）である取締役（の再任議案に反対） ※1．過去5期の平均 ROE が5%未満でも、直近の会計年度の ROE が5%以上ある場合を指す。 ※2．この ROE 基準は最低水準であり、日本企業が目指すべきゴールとの位置づけではない。 ※3．経営トップとは通常、社長と会長を指す。
三菱ＵＦＪ信託銀行	・過去3期連続で自己資本利益率（ROE）が一定水準（5%）を下回り、かつ今後改善が見込めず、経営責任があると判断する場合。なお、判断にあたっては業種状況等も勘案する。
りそな銀行	効率的な企業経営が行われていない企業（3年連続 ROE が5%未満）の中で、内部留保が過大（株主資本比率70%以上またはネットキャッシュが総資産の25%以上）または業種別で ROE が3年連続下位25%である企業の取締役選任にあたっては、合理的かつ納得性ある説明がなければ、在任3年以上の代表取締役に反対する。
三井住友トラスト・アセットマネジメント	（原則基準） 3期連続で業績（ROE）基準（ROE が TOPIX 構成銘柄全体の上位75%タイル水準以上）を満たさない場合、3年以上在任の取締役選任に反対 （例外基準） ・基準未達の要因が、経営者要因でない場合（不測の天災の発生など）、または将来の企業価値向上に向けた構造改革費用等の計上によるものと判断される場合は、賛成 ・過去の業績推移や今後の事業計画等から、基準達成の蓋然性が高いと判断される場合は、賛成 ・エンゲージメント等を通じて、株主価値向上に向けた積極的な取り組みが確認できた場合は、賛成
アセットマネジメントOne	・業績チェックのうち、以下のいずれかに該当し、合理的な理由が認められない場合、3年以上在任した取締役の再任に原則反対。ただし、監査等委員である取締役は除く。 ④3期連続で東証一部上場企業の ROE 下位1/3分位未満 ただし、過去3期 ROE の平均値が5%以上の場合は除く ⑤3期連続でネットキャッシュ比率が25%以上、東証一部上場企業の ROE1/2分位未満、決算期末の PBR が1倍未満
野村アセットマネジメント	・直近3期連続して株主資本利益率（ROE）が5%未満かつ業界の中央値未満で、経営改善努力が認められない場合は、直近3期以上在任した会長・社長等の取締役再任に原則として反対する。但し、本規定は、直近期末日に上場後5年を経過していない会社には適用しない。 「業界の中央値」は、東証一部上場企業を対象とし、東証33業種分類に基づく。但し、計算された値が0%未満の場合に、中央値は0%とする。等

10 （出典：ISS、2019年版日本向け議決権行使助言基準）
　（出典：三菱ＵＦＪ信託銀行、受託財産運用における株式議決権行使）
　（出典：りそな銀行、議決権に関する具体的行使基準（国内株式））
　（出典：三井住友トラスト・アセットマネジメント、責任ある機関投資家としての議決権行使（国内株式）の考え方）
　（出典：アセットマネジメント One、国内株式の議決権行使に関するガイドラインおよび議案判断基準）
　（出典：野村アセットマネジメント、日本企業に対する議決権行使基準）

島村 これを見ていただくと、たとえばISS[11]は、資本生産性が低い場合、具体的には過去5期平均のROEが5%を下回る、かつ、改善傾向にない場合、トップに反対するとしています。ほかの会社も、5%を一つのメルクマールとしている例が多い。ただ、ISSの※2にあるとおり、5%というのはあくまで最低水準です。上場会社の平均ROEがどんどん向上して5%では下限として機能しなくなってきたとき、この数字は上方修正されるかもしれない。たとえば伊藤レポートなどは8%が最低基準だと述べています。

　そしてもし、このROEが引き上げられてくると、当然、これを満たせない企業も出てくる。今は良くても、さきほど例に挙がったかつてのモバイルビジネスのように、合理的な経営戦略の結果として当面は利益が出ないという場合だってあり得ます。その際、数値基準を割っているからといって役員選任に反対されてしまうのか、あるいは例外的な基準が機能して賛成してもらえるのかは重要です。

中西 それは、要するに基準はあくまで基準であり、それ以上でもそれ以下でもないということかもしれません。基準を明示せずに個別判断だけでやると不公平感が生じるし、またあらかじめ基準を明示しないと企業にとっても対策が立てられないという意味で重要ですね。ただ、基準を上回る説明があれば、当然、結果は変わりますよね。だから、たとえば三菱UFJ信託銀行の基準だと業種状況なども勘案すると言っていますけど、まさにその業種状況など、いろんな要素が配慮されるということですね。

木村 そうですね。たとえば、野村アセットマネジメントだと、「経営

11　Institutional Shareholder Services

改善努力が認められない場合は」と書いてあるので、そういう意味では、単純な数字だけで決めているわけではないということで、各社、そうなっているのではないでしょうか。

島村 事例としてご存じであれば、実際にこの基準で言うと、たとえば三菱 UFJ 信託銀行で、3 期連続で ROE が 5% を割っているけれど賛成されている会社の例などもあるのですか。

中西 あると聞いています。一つは今後の明確な収益計画、特に過去の ROE が低い原因が将来に向けてのインフラ作りなどにあることが説明できる場合です。また、よく言われる不祥事についても、十分な検証に基づく明確な再発防止策が示されれば考慮の余地ありということができます。

島村 そうすると、「今度、ROE 5% を割ってしまう見込みだけれど、賛成してもらいたい」と思ったら、この機関投資家に対して、あらかじめ会社のほうから説明に行くことは有効でしょうか。

中西 もちろん有効です。

鳥飼 今の問いは重要ですね。最近、機関投資家のほうがバリアーを張っていると思い込まれています。昔は割とよく話を聞いてくれたけど、最近は「人が多くてなかなか会えませんよ」とかいう、初めからバリアーを張っていると思い込んでいる人が多いですね。だから会いに行っても駄目だって最初から諦めている人が多いんです。でも実際は、説明に行っている人はいるわけですね。

37

木村　行くなら早めのほうがいいです。

鳥飼　遅い時期だと、忙しいですからね。総会シーズンになったらもう誰も会ってくれない。説明したいなら、先手必勝ですね。

木村　1月とか2月とかのうちに、こんな努力をしていますっていうことを説明するのは有効だと思います。

島村　そのとき、説明する機関投資家のターゲットは、株主判明調査で大口の機関投資家が特定できればそこへ。

木村　そうですね。判明調査で、やっぱり保有が大きい所ってことになる。あるいは、さっきのお話のように、この会社の意見は聞いておきたいっていう、いい意見を言ってくれそうな所だと思います。それも会ってみないと分かりませんけど。

島村　説明に行く先ですが、ISS は行くべきですか。

木村　ISS が、今、どのぐらい企業と会っているのか、私はよく知りませんが、海外の投資家への影響力は大きいですから、会ってもらえるのなら会ったほうがいいと思います。

島村　株主分類（図表1-1）で、海外投資家が3割になっていますが、あの海外機関投資家のほとんどが ISS の意見を聞いているというイメージですか。

木村　ISS のデータはほとんどの会社が見ています。ISS の賛否の推奨

は、一応、参考にはして、最終的にはそれぞれの運用機関が判断してい
る所が多いのではないかなと思いますが、どうでしょうか。

中西 そうだと思います。海外投資家にとっても日本株について逐一調
査し、独自の基準で議決権行使を検討するのは面倒な話だと思います。

木村 そうですよね。日本の会社ばかり投資しているわけじゃないので、
日本の会社の個別事情をすべて判断することはできないでしょう。

中西 ISS の議決権行使基準は、議決権行使をする際のいわゆる一般に
使われている指標として、便利に使われているのだと思います。だから、
ISS の議決権行使基準を見るのだと思います。

木村 逆に言うと、ISS の基準っていうのは、最低限のレベルにしてい
る、と言っていいかもしれません。彼らの意識的には。あまり厳しくは
していないです。

　それはやっぱり彼ら自身がすごく影響力があることを自覚しているか
らだと思います。経営のトップに反対をするっていうのは、投資家側と
してもかなりちゅうちょするというか、度胸が要るというか、本当に社
長が選任されなかったら、経営が混乱しますから、かえって問題がある
かもしれないじゃないですか。海外の投資家が 3 割も 4 割も持っている
ような会社で反対するというのは、結構大変なことですよね。本当に社
長が選任されない可能性もないとは言えないので、そういう意味では多
分、どこの運用機関も、本当はこのぐらい期待したいというところより
は緩めの、より現実的な基準にしているっていうのが本音だと思うので、
あまりこれ（ISS の議決権行使基準）を見て、ここを超えていればいい
んだって安心してほしくはないという思いは、投資家としてはあります

ね。そうすると、ガバナンス・コードとか、伊藤レポートぐらいのところは頑張ってほしいです、といった感じになるのではないでしょうか。

島村 さて、多岐に渡り大変興味深いお話を頂いてまいりました。時間ですので一応総括させていただきます。

　中堅・新興の上場企業が投資家の目線をどう経営に活かすかという観点から、一つは大きくなる過程では必ず機関投資家や外国人投資家と向き合わなければならないから、現状維持か、あるいはそれでも大きくなるのか、覚悟を決めることが重要ということでした。

　また、ピジョンの例のように逆に大きくないうちからエンゲージメント型投資家と密につきあってその知恵を借りて成長するモデルもあるということでした。

　そこまでいかなくても投資家とのコミュニケーションの機会に企業の側から積極的に意見を求める姿勢も大事ということでした。

　そして、いずれにせよ投資家の目にとまる、あるいは投資家を惹きつけるための準備としては、もちろんガバナンスも全部大事ですが、まずは資本効率性を踏まえた事業計画が大切です。ガバナンス・コードでいえば資本コストを踏まえた経営戦略・経営計画（原則5-2）がこれに対応すると思います。そして何より、経営トップの変わる意欲とコミットが大事だということでした。

　また機関投資家のいる会社の株主総会対策としても、資本効率性の観点（ROEなど）は重要だろうということでした。

　以上、この鼎談で出たお話は、経営者の皆さんにとって大いに参考になるものと思います。

　鼎談にご参加頂いた皆さま、本日はまことにありがとうございました。

以上

40

第2章

議長・役員のための
株主総会の運営方法

　本書の課題である「投資家目線」の経営を実践する上で、株主総会の運営は最重要テーマの一つとなります。

　そこで第2章では、議長・取締役等の役員のために、株主総会の運営・進行に関する必要な基礎知識を解説します。

1. いま、なぜ株主総会が重要か〜経営トップが狙われる〜

(1) 経営の評価は「株価」と「役員選任議案の賛成率」に表れる

まずは、なぜ株主総会が重要なのかを確認しておきたいと思います。

上場会社の場合、経営に対する投資家の評価は、株価に反映されると考えられます。投資家の期待が高い会社の株式は需要が増えて株価が上がり、逆だと株価は下がってしまうからです。

ところで、その投資家は、ある会社の株式に投資すると、そのときから「株主」となります。そして株主総会の基準日（定時株主総会の場合、それは決算日であることが通常。）に株主である者に対しては、招集通知と議決権行使書面（投票用紙のようなもの）が送られて来ます。

かつては、この株主総会の議案に対する賛否は、文字通り議案ごとに判断されていたようです。しかし今日では、役員、特に経営トップの取締役の選任議案は、経営全般の評価に紐づいて判断される傾向が強まっています[12]。有力な機関投資家の経営トップの取締役選任議案に対する議決権行使基準が、会社の業績やガバナンス構造の良し悪しに関するもので構成されていることは、その表れといえるでしょう。変革の時代である現在は、企業の成長性は、経営トップのリーダーシップ次第という発想があるからです。

　　　投資家による経営の評価　→　株価の騰落
　　　株主による経営の評価　　→　社内取締役選任議案の賛成率

数次の法律改正を経て、上場会社の株主総会、特に定時株主総会の決議事項は、極めて少なくなっています。「役員選任議案以外には議案が

12　第1章33頁（木村発言）参照。

ない」という例も珍しくはありません。

　しかし、この役員選任議案、特に、経営トップの取締役選任議案の意味合いが、前述のとおり非常に重要なものに変化してきているのです。

　したがって、現在では、株主総会は、以前にも増して重要な会社イベントになったと捉える必要があるのです。

(2)　機関投資家の議決権行使が厳格化している

　かつて、会社提案の株主総会議案は、90％台後半の高い賛成率で可決するのが当たり前でした。しかしここ数年、この数値が無視できないほど落ち込んでおり、業績の悪い会社では否決例まで生じています。

　議決権行使が厳格化したのは、一つには、もともと厳しく議決権行使をする外国人投資家の割合が増加したことが挙げられます。

　それに加えて、上場企業の経営者に対し、積極的な事業投資をする企業家精神を喚起するために、国策として、2014年2月にスチュワードシップ・コードが策定されました。その方向性により機関投資家の議決権行使基準の開示が進み、さらに同コードの2017年5月の改訂により、議決権行使結果の個別開示が導入された影響が非常に大きく感じられます。基準を開示し、結果まで開示する結果、基準に反する状況が生じれば、反対票を投じざるを得なくなったわけです。

　そして、この流れに追い打ちをかけるのが、2018年6月のコーポレートガバナンス・コード（以下、「CGコード」といいます。）の改訂です。同改訂には重要な点が多々ありますが、その一つとして、いわゆる政策保有株式（≒持合い株式）について「縮減に関する方針」を開示するよう各企業に要請しています。改訂前は、縮減しない方針の開示でもコンプライ（既に遵守できているものと整理すること）があり得たのですが、改訂後は、基本的に縮減の方針でなければエクスプレイン（遵守していない理由を対外的に説明すること）が必要です。

持合い株式は、いわゆる安定株主の代表格です。これが縮減されると、外国人投資家や機関投資家が代わりに増加することになります。その結果、株主全体での議決権行使行動は、ますます厳格になるわけです。

このように、政府が背中を押すようにして、機関投資家の議決権行使が益々厳格になってゆく傾向にあることが、経営トップを中心とする経営陣が株主総会を最も重視すべきもう一つの理由です。

(3) 株主総会は個人投資家にアピールする絶好の機会

以上のとおり、外国人投資家や機関投資家が増加している結果、各社では機関投資家の動向に目が行きがちです。しかし、頭数ベースの株主構成では、個人投資家（株主）が圧倒的に多数です[13]。時価総額ベースでも全体の17％を占めており、かなりの存在感だといえます。

個人投資家は、いまのところ機関投資家ほどには厳格な議決権行使をしません。しかし、いわゆるアクティビストによる会社提案に対し、少なからぬ個人投資家が賛成したと推測される事例も生じているなど、侮れない存在であることも、間違いありません。

また反対に、会社のファンになって長期にわたり株式を保有してくれるのも、個人投資家です。筆者らは、上場会社のMBO[14]案件などに関与し、上場会社としての最後の株主総会に立ち会うことがよくあります。その最後の総会に参加してくださった個人株主から、社長に対し、「上場以来、ずっと応援してきました。お疲れ様でした。」といった温かい言葉がかけられる光景を、よく目にします。個人投資家は、このように中長期にわたり会社の成長を見守ってくれる、有り難い存在ともなり得るのです。

13　2018年版白書によれば、議決権を有する株主のうちの個人株主の比率（人数ベース）が、90%超100%以下との回答が、78.8%（前年比0.9ポイント増）となっています。
14　Management Buyout　経営者が株式の買手となって会社を非上場化させること。

くわえて、周知のとおり近年ではSNSなどの個人の口コミが会社のレピュテーションに大きな影響を与えます。個人投資家も例外ではありません。その意味でも、個人投資家は軽視できません。

このとおり、個人投資家は、上場会社の安定的発展にとって非常に重要な役割を演じています。

さらに、人生100年時代の今後を考えると、長期的に安定した生活をするには、多くの国民は、貯金するよりも、中長期的視野からの個人投資家になる可能性があります。その意味では、中長期的視野から見れば、多数にして、しかも、全体としては巨額の投資資金が証券市場に流入する可能性があります。その個人投資家は、中長期的に持続的成長と十分な株主還元をしてくれる企業の絶対的な支持者になることは必然的です。中長期的な持続的成長を目指す日本企業にとっては、中長期的経営政策として、個人株主をいかに増やすかを真剣に考え、その考えを実行することが望ましいと思います。

そして、個人投資家に会社の良さをアピールするのに、株主総会はうってつけの場所であるといえます。株主総会の会場に足を運んでくれるのは、圧倒的に個人投資家が多いからです。

(4) まとめ

以上の諸事情から、投資家対策を視野に入れた株主総会の運営はこれまで以上に非常に重要になってくるものと考えられます。

そして、いうまでもなく株主総会の主役は、議長であり、議長を支えるひな壇に座り、場合によっては答弁にも立つ役員です。

そこで以下では、多忙な議長や役員の立場に立って、また、初めて議長をされる方や新任の役員も想定しつつ、どうしても理解していただきたい基本事項に絞り、できるだけ分かりやすく解説をしています。

本書を利用して、是非、万全の準備で株主総会に臨んでいただきたい

と思います。

　なお、すべての上場会社は、会社法上の監査役会設置会社、指名委員会等設置会社または監査等委員会設置会社のいずれかに該当します。しかし本章では、現在もなお上場会社で多数を占める監査役会設置会社を念頭において解説しています。したがって、本章で述べる「監査役」ないし「監査役会」の意味は、指名委員会等設置会社の場合は「監査委員」ないし「監査委員会」、監査等委員会設置会社の場合は「監査等委員」ないし「監査等委員会」と、それぞれ読み替えてください。

2. 株主総会の基本を押さえる

　次に、議長・役員が知っておく必要がある、株主総会の基本的な知識を整理します。

⑴　株主総会とは何か

ア　株主総会は、決議事項を決議するところ

　まず、そもそも株主総会とは何なのかを確認しましょう。株主総会とは、分かりやすく言えば、経営者が経営を実践するために、重要な事項について、株主に了解を得るための法が定めた会議です。難しい言い方をすれば、「株主で構成され、会社の基本的事項の意思決定を行う会議体である」といえます。

　すなわち、本書が対象とする上場会社では、日常的な経営の意思決定は取締役会が行うため、株主総会で決めるべきこと（決議事項）は非常に限定されています[15]。このような株主総会で決めるべき決定事項の主要なものは以下のとおりです。

15　上場会社は、例外なく会社法上の公開会社（発行する全ての株式につき譲渡制限の付されていない会社）に該当するため、本文で述べたとおり株主総会の決議事項は限定されることになります。

①会社の基本的事項を変更する場合（定款変更、組織再編、解散等）

②株主に不利益が生じ得る場合（株式の有利発行）

③役員との委任に関する事項（役員の選解任、報酬等）

　①②は株主の地位への影響が大きいため、また、③は株主が会社の経営を委ねた取締役がしっかり業務執行を行っているかを監督するため、株主総会の承認決議を得なければ実行できないものとされているわけです。

　このように株主総会は、決議事項は限られているものの、その基本的な性格は、「決議事項を決議するところ」である、といえます。

　なお、以上は会社法に基づく株式会社の決議に関する説明ですが、別途、証券取引所の定めるルールとの関係で株主総会決議がなされる場合もあります。詳しくは「コラム1」を参照してください。

イ　株主総会は、経営の成果を株主に報告するところ

　また、株主総会では、報告事項の報告も行われます。つまり、株主総会は、株主から経営を任されている「取締役や監査役が、株主に対し、業務執行の内容やその成果を報告するところ」でもあるのです。

　株主総会における報告事項の報告は、株主にとっても、経営陣の信任を判断したり、経営陣が違法行為を行っていないかをチェックしたりする重要な機会であるといえます。

　具体的には、定時株主総会では事業報告、計算書類（貸借対照表、損益計算書、株主資本等変動計算書及び個別注記表を指す。以下同じ。）[16]及び連結計算書類（連結貸借対照表、連結損益計算書、連結株主資本等変動計算書及び連結注記表を含む。以下同じ。）の内容の報告が行われます。また、監査役（会）は、これらの監査報告を行います。

16　原則として、計算書類は株主総会の承認を受ける必要がありますが、例外的に会計監査人設置会社では、取締役会の承認を受けた計算書類が一定の要件を満たす場合は株主総会の承認が不要となり、株主総会への報告で足りるとされています。上場会社では、計算書類を報告事項と取り扱う場合が多いことから、本章では計算書類を報告事項として扱います。

コラム 1　上場会社において株主総会の意思確認が必要となる局面

　　東京証券取引所に上場している会社が第三者割当[17]を行う場合で、①希薄化率[18]が25%以上となるとき、または②支配株主[19]が異動することになるときは、（ア）当該第三者割当に係る株主総会の決議による株主の意思確認、または（イ）経営者から独立した者による当該第三者割当の必要性および相当性に関する意見の入手のいずれかの手続きをとることが要求されています。これは、上場会社が行う第三者割当が既存株主の権利を著しく侵害し、市場の信頼性に重大な影響を及ぼすことを防止するために設けられている東京

17　開示府令第19条第2項第1号ヲに規定する第三者割当をいう（有価証券上場規程第2条第67号の2）。

18　希薄化率とは、次の算式により算出した値をいう（有価証券上場規程施行規則第435条の2第1項）。

（A÷B）× 100（%）

A　当該第三者割当により割り当てられる募集株式等に係る議決権の数（当該募集株式等の転換又は行使により交付される株式に係る議決権の数を含む。）

B　当該第三者割当に係る募集事項の決定前における発行済株式に係る議決権の総数

19　次の①②のいずれかに該当する者をいう（有価証券上場規程第2条第42号の2、有価証券上場規程施行規則第3条の2）。

①親会社

②主要株主で、当該主要株主が自己の計算において所有している議決権と、次に掲げる者（③④）が所有している議決権とを合わせて、上場会社の議決権の過半数を占めているもの（①を除く。）。

③当該主要株主の近親者（二親等内の親族をいう。）。

④当該主要株主及び③が、議決権の過半数を自己の計算において所有している会社等（会社、指定法人、組合その他これらに準ずる企業体（外国におけるこれらに相当するものを含む。）をいう。）及び当該会社等の子会社

証券取引所の上場規則に基づく制度[20] です（有価証券上場規程第432条）。

　上記①②の第三者割当が行われる場合、実務上は（イ）の経営者から独立した者（第三者委員会など）による意見書での取得手続きによることが多いですが、一定の規模がある第三者割当は持株比率の低下や経済的価値の下落などで既存株主に大きな影響を与える可能性があることから、経営陣にとってのリスクを軽減する観点から事前に株主の意思を確認しておいた方が望ましい場合もあるといえるでしょう。

ウ　株主総会には二つの種類がある

　次に、株主総会の種類についてです。株主総会には2つの種類があります。定時株主総会と臨時株主総会です。

　会社法上、株式会社は、一事業年度に一回、一定の時期に株主総会を開催しなければならならないとされています。定時株主総会は、この一定の時期に開催される株主総会のことです。

　定時株主総会では、当該事業年度の事業報告、計算書類及び連結計算書類の報告が行われます。また会社法上、役員の任期は定時株主総会の終結の時までと規定されているため、定時株主総会において役員の選任決議が行われることが多いです。

20　「会社経営の権限は、株主の負託に基づくものであり、自らの権限の根源たる株主の議決権を安易に希釈化することや、大株主を選ぶことは本来的に望ましいものではない。25%以上の希釈化を伴うものや支配権の移動を伴うような第三者割当については、原則として株主の納得性を増すための手続きを求めることが必要である」
東京証券取引所上場制度整備懇談会『安心して投資できる市場環境等の整備に向けて』（2009年4月）1頁。

これに対して、臨時株主総会とは、必要に応じて不定期に開催される株主総会です。もっとも、上場会社で臨時株主総会が招集されることは稀で、事業年度の途中に M&A を実施する必要があるなどの特別な場合に限り開催されています。

(2)　株主総会の基本目標〜会社提案議案を適法に成立させる〜

それでは、以上のような株主総会を通じて、会社が獲得すべき目標は何でしょうか。

株主総会の目標としては、IR の視点から会社の良さを株主に理解してもらうことなども重要となってきています。ただ、会議体としての株主総会の基本となる目標は、あくまで株主総会を適法に運営し、決議を有効に成立させることです。目標というより、当然に満たすべき前提条件と言った方がいいかもしれません。

すなわち、株主総会の議事運営は法令・定款の規定に従って行う必要があり、万が一株主総会の決議内容または手続きに瑕疵（「かし」。欠陥のこと。）があると、株主総会決議の効力が否定される恐れがあります。

その瑕疵の内容が株主総会決議に与える影響はいろいろありますが、実務上最も重要なのは、株主総会決議の「取消し」です。裁判により株主総会が取り消されると、その決議は無かったことになり、もう一度コストをかけて株主総会を開催しなければならなくなります。

決議の取消しは、このように多数の関係者に重大な影響を与えることになるため、株主総会は、この決議取消事由を生じさせないよう、くれぐれも気を付けなければならないのです。

なお、法律上、株主総会決議が取り消されるケースは、次の3つとされています。

第２章●議長・役員のための株主総会の運営方法

（株主総会決議の取消事由）
①招集の手続・決議方法が法令定款に違反するときや著しく不公正なとき
②決議内容が定款に違反するとき
③特別利害関係人の議決権行使によって著しく不当な決議がなされたとき

　もっとも、上記のうち、①の招集手続や、②、③は、会社の総会事務局や弁護士が対処すべき事項です。

　実務的に言えば、株主総会を適法に運営するノウハウは確立しています。そのため、会社の総会事務局と指導弁護士がしっかりしていれば、総会の事前の準備と総会当日は適法な運営ができます。その意味では、適法性に関しては、油断は禁物ではありますが、基本的には、難しいことは何もないのです。

　ただ、次の点（①の後半、つまり、議事進行の対応の誤りが「決議方法の法令定款違反や著しく不公正なとき」に当たってしまう具体的なケース）だけは、役員による十分な事前準備と練習が必要です。
①説明義務違反
②動議の処理ミス
③質疑の打ち切りの処理ミス

　そして、本章の「3. 株主総会当日の議事運営」には、これらの誤りを防ぐノウハウを詰め込んでいます。

　したがって、しっかりした総会事務局と指導弁護士がいれば、議長および役員にとっての「適法に成立させる」という株主総会の獲得目標は、心配には及びません。

　なお、会社提案の議案を適法に成立させるには、法律の定める決議要件をクリアーする必要があります（決議要件の詳細は事務局マターなので詳述はしません。）。そして、冒頭でも触れたとおり、機関投資家の増大などの影響によりこの「議案の可決」が、年々、容易ではない課題と

51

なりつつあるのです。

　そこで、会社提案の議案の賛成率を上げる努力が必要となるのですが、その具体策としては本章のほか、第3章で詳しく触れています。

(3)　株主総会に至るまでの流れ

　株主総会の準備は、多くの関係者が関与するうえ、会日の相当前の段階から始まります。

ア　スケジュールの全体像

　その全体像のイメージを持っていただくため、以下に定時株主総会の準備スケジュールの一例（3月決算の会社を想定）を紹介します。

（株主総会の事前準備　スケジュール）		
月日	株主総会までの手続	備考
2019年 3/31（日）	事業年度末日／基準日	休日のため、実質的には3/29が基準日
4/19（金）	計算書類及び事業報告並びにこれらの付属明細書、連結計算書類を作成	法定の期限はない
5/13（月）	決算短信の公表	東証では決算期末後45日以内の開示が要請（30日以内が望ましい）
5/15（水）	会計監査人による監査報告の通知	制度上は、それぞれ計算書類・連結計算書類を受領した日から4週間を経過した日まで
5/21（火）	監査役会の監査報告の通知	制度上は、会計監査報告を受領した日から1週間を経過した日まで

5/24（金）	取締役会開催（計算書類等の承認、株主総会の招集決定）	法定の期限はない
	招集通知の作成・印刷	
6/12（水）	招集通知発送日	開催日の2週間前までに発送
6/27（木）	定時株主総会開催日	
6/28（金）	有価証券報告書の提出	金商法上、事業年度経過後3か月以内に提出

イ　計算書類等の作成から取締役会での承認まで

　事業年度終了後、取締役は定時株主総会に報告するための、計算書類及び事業報告、並びに、これらの付属明細書、さらに連結計算書類を作成しなければなりません。そして、会計監査人は、提出を受けた計算書類、その付属明細書、連結計算書類を監査し、監査報告を通知します。各監査役は、上記各書類を監査して監査報告書を作成し、これを監査役会で審議して、監査役会として監査報告を作成して、その内容を通知します。

　そして、監査を受けた上記各書類は取締役会において承認されます（この計算書類等の承認を行う取締役会を決算取締役会といいます。）。このようにして確定した計算書類、事業報告及び連結計算書類が株主総会に報告されることになります。

ウ　招集の決定

　株主に対して、株主総会の開催要領を通知することを招集といいます。招集は、株主が株主総会への出席もしくは議決権を行使する機会を付与するものであり、重要なプロセスです。

　株主総会の招集は、取締役会の決議によって決定し、取締役が行うものとされています。

招集にあたって、取締役会で決定すべき事項は次のとおりです。以下、重要項目について、少し詳しく解説します。

招集決定事項
①開催日時
②開催場所
③目的事項（議題）
④その他の事項（次に該当する場合）
　・書面投票または電子投票を行う場合（上場会社は書面投票が義務付）
　・代理人による議決権行使に関するルールを設ける場合
　・議決権の不統一行使に関するルールを設ける場合

（ア）開催日時

　前述のとおり、定時株主総会の開催日時は、毎事業年度の終了後一定の時期と定められています。多くの会社の定款では、基準日を事業年度末日（決算日）とし、毎事業年度の終了後３カ月以内に株主総会を招集するものと定めています。これは、会社法上、株主の権利行使に関する基準日の有効期限が３か月とされているからです。

　したがって、３月決算の多くの会社では６月末ごろに定時株主総会を開催することになり、株主総会が６月の第４週目に集中していました。総会屋対策としても株主総会が集中するのは会社にとって都合がよかったのです。

　ところが、近年では、株主総会の開催日が６月の第２週目もしくは第３週目へと分散化傾向にあります。これは、総会屋の心配がなくなったことや、CGコードでは「株主総会開催日をはじめとする株主総会関連の日程の適切な設定を行うべきである」（補充原則1-2③）として、集中日を回避することが求められていること、さらに東証からも株主総会

54

の分散化を要請されていることが理由です。

なお、7月に株主総会の開催を遅らせるという方法も考えられます。そもそも基準日を事業年度末日（決算日）に定めなければならないという規制はないため、決算日が3月であっても基準日を4月以降にずらすことにより7月開催が可能となります。現在、株主総会の7月開催については、基準日制度と絡めて議論されています。

（イ）目的事項（議題）

株主総会の目的事項（議題）には決議事項と報告事項があります。

上場会社では、招集の際にあらかじめ決定された目的事項以外を株主総会で決議することはできません。株主総会当日に、急きょ決議事項を新たに追加することはできないのです。

なお、目的事項（議題）と似て非なるものに「議案」があります。この違いは重要なので覚えておく必要があります。

まず、「議題」とは、「剰余金の処分の件」、「取締役5名選任の件」など、いわゆる「会議のテーマ」のことです。

これに対して「議案」とは、当該テーマについて具体的に決議すべき内容です。たとえば、「剰余金の処分」というテーマに対して、「1株あたり金10円を配当すること」、また「取締役5名選任の件」というテーマに対して、「取締役としてABCDEを選任すること」が、それぞれ議案となります。

報告事項としては、定時株主総会では通常、事業報告、計算書類および連結計算書類の報告が行われます。

（ウ）書面投票制度（議決権行使書）

書面投票制度（議決権行使書）は、総会に出席できない株主のために議決権行使の機会を保障するための制度です。

法律上、書面投票制度を採用するか否かは、本来は取締役会が自由に決めることなのですが、上場会社では書面投票制度を利用するのが

通常です[21]。

なお、書面投票に似た制度として、電子投票があります。電子投票制度は、インターネット等の電磁的方法による議決権行使の方法のことです。電子投票制度を採用するか否かは任意です。

もっとも、CGコードが電子投票を後押ししていることから[22]、海外投資家の議決権行使の便宜等のため、今後は電子投票制度を採用する会社が増えていくものと思われます[23]。

(4) 招集通知とその発送

ア 招集通知

前述のとおり、定時株主総会の準備段階では、計算書類やその付属明細書を含め、様々な書類が作成されます。しかし、その全部が株主の手許に提供されるわけではありません。

定時株主総会の招集に際して、株主に郵送する書面は次のとおりです。

①招集通知（狭義）

取締役会設置会社では、招集通知は書面で行う必要があります（なお、関連する会社法改正の動きについては「コラム2」をご覧ください。）。招集通知には、前記（3）の招集決定事項を記載します。

なお、これを「狭義の招集通知」と呼ぶことがあります。

狭義の招集通知には、添付書類として事業報告、計算書類及び連結計算書類、並びにこれらの監査報告を添付しますが、実務上は、これらに後述の株主総会参考書類を含めて「招集通知」と言う場合があります。

21　会社法上は、株主数が1000人以上の場合は書面投票制度の採用が義務付けられています。さらに、証券取引所の規則で、上場会社は原則として書面投票制度が義務付けられています。

22　CGコード補充原則1-2④は、「自社の株主における機関投資家や海外投資家の比率等も踏まえ、議決権の電子行使を可能とするための環境作り（議決権電子行使プラットフォームの利用等）や招集通知の英訳を進めるべきである」と述べています。

23　2018年版白書によれば、電子投票を「採用した」と回答した会社は全体の49.3%（前年比4.0ポイント増）。

本書では「広義の招集通知」と呼ぶことにします。

②株主総会参考書類

　書面投票制度を採用する場合には、株主総会参考書類の作成が義務付けられています。

　株主総会参考書類とは、株主が議決権行使をするうえで参考となる情報を提供するために作成される書類です。その記載事項は法律で細かく定められています。

　なお、投資家目線での情報提供を図る観点からは、この株主総会参考書類や上述の事業報告等の記載内容を工夫して作成することが重要ですが、この点については第3章で改めて触れます。

　この株主総会参考書類を、招集通知と併せて株主に送付します。

　また、書面投票制度において株主から回収する議決権行使書面も併せて送付します。

イ　招集通知の発送

　上場会社の場合、法律上、招集通知の発出は、株主総会の日の2週間前までに行うものとされています[24]。

　もっとも、CGコードが招集通知の早期発送に努めることを要請しており[25]、各社とも、法定期限よりも早期の発送に努めています[26]。

ウ　早期ウェブ開示

　またCGコードでは、招集通知の発送前に招集通知を自社のウェブサイトに電子的に公表すること（早期ウェブ開示）が要請されていま

24　2週間前というのは、通知書を発送した日の翌日から起算して開催日までの間に少なくとも2週間の日数を置くということです。たとえば、6月27日に開催する場合は6月12日までに発出する必要があります。

25　CGコード補充原則1-2②は、「株主が総会議案の十分な検討期間を確保することができるよう、招集通知に記載する情報の正確性を担保しつつその早期発送に努める」としています。

26　東証が公表している「2018年3月期上場会社の定時株主総会の傾向について」によれば、3週間（中15営業日）以上前に発送を行う会社は25.4％（435社）となっています。

す[27]。

　この早期ウェブ開示の趣旨は、招集通知の早期発送と同じく、株主に議案の賛否を検討する時間的猶予を与えるためです。実務的には、早期のウェブ開示を実施する方向で検討する場合が多いと思われます[28]。

コラム 2　会社法の改正について

　2019年1月16日、法務省の法制審議会会社法部会において、「会社法制（企業統治等関係）の見直しに関する要綱案」が決議されました[29]。当該要綱案の主要な点としては、①社外取締役1名の設置義務付け、②役員報酬の概要や考え方に関する開示の義務化、③株主提案権の制限、④株主総会資料の電子提供措置を株主総会の3週間前の実施、⑤株式交付制度の新設が挙げられます。

　①社外取締役1名の設置義務付けに関しては、監査役会設置会社（公開会社であり、かつ、大会社であるものに限る）であって、有価証券報告書の提出義務がある会社が対象とされています。②役員報酬の概要や考え方に関する開示の義務化については、大手自動

27　CGコード補充原則1-2②は、「招集通知に記載する情報は、株主総会の招集に係る取締役会決議から招集通知を発送するまでの間に、TDnetや自社のウェブサイトにより電子的に公表すべきである」としています。

28　前掲注26の「2018年3月期上場会社の定時株主総会の傾向について」によれば、早期ウェブ開示を行っている会社は、85.1％（1446社）となっています。また、ウェブサイトでの開示日と招集通知の発送日との間隔の平均日数（営業日数）は、3.16営業日となり、年を追うごとに早期に公表する傾向が進んでいます。

29　法務省法制審議会－会社法制（企業統治等関係）部会：
　　http://www.moj.go.jp/shingi1/housei02_00297.html

58

車会社の元会長の有価証券報告書における報酬の記載に関する問題を受けて、役員報酬等の決定方針の内容の概要及び考え方を取締役会が決定し、内容を開示することが義務付けられることになります。③株主提案権の制限については、株主が提案することができる議案の数を 10 に制限することで、株主総会の運営を妨げるような濫用的な株主提案を防止するという考え方が背景にあります。④株主総会資料の電子提供措置については、株主総会資料の提供を株主総会実施日よりも少しでも早く行い、株主の株主総会議案の検討期間を確保する目的によるものです。株主総会参考資料等の内容に関して電子提供措置をとる旨定款で定めている会社は、株主総会の資料を株主総会の 3 週間前から電子提供措置[30] をとることが義務付けられることになります[31]。⑤株式交付制度に関しては、自社株式を対価にした企業買収を簡易にする制度といえます。現状、対象企業を自社の株式で買収しようとする場合には、株式交換や現物出資による方法しかありませんでしたが、日本企業の自社株対価による企業買収をより簡便にするために、新設される制度です。

　なお、当該要綱案は、法案成立に向けて 2019 年の国会で議論が開始される見込みであることから、施行はどんなに早くても 2020 年以降であることが想定されます。このため、当該要綱案に基づく会社法改正が株主総会の実務に影響してくるのは早くても 2020 年以降といえるでしょう。もっとも、会社法改正の方向性は

30　電子提供措置の具体的内容については、自社のホームページ、上場会社であれば東京証券取引所の東証上場会社情報サービス上で提供することが想定される。

31　株主総会資料の早期提供については、要綱案の 3 週間前よりも早期に実施されるべきとの議論により、上場会社は 3 週間前よりも早期に株主総会参考資料を電子提供する旨が金融商品取引所の規則において規律されるべきと法制審議会で附帯決議されている。

ある程度見えていることから、法改正の施行を待たずに電子提供や役員報酬開示の実務を先行させることは投資家の利益に資することになり、会社のレピュテーション向上につながると考えられます。

(5) 「想定問答」は答弁担当役員も関与して作成する

後述するとおり、株主総会の当日には、株主から役員への質疑の時間が設けられます。

この株主からの質問に的確に回答するためには、想定問答集を事前に作成しておく必要があり、実際、想定問答はほぼ全ての上場会社で作成されています[32]。

後述するとおり、取締役および監査役は、株主からの一定の質問に対して説明義務を負います。したがって、説明義務の範囲とされる招集通知や株主総会参考書類の記載事項、計算書類及び事業報告、並びにこれらの付属明細書の記載内容から想定される質問については想定問答を用意することは必須といえます。

さらに、投資家・株主の満足やIRの観点からは、たとえ説明義務がない事項であっても、株主に対して十分な情報を提供すべきです。

そこで、業界の最近のトピックス、社会的な事件、法改正の動向など株主が興味を持ちそうな事項からも、質問を想定しておくのが望ましいです。

想定問答の回答案の体裁を、逐語調にするかキーワードにとどめるかは答弁役員の好みに応じて使い分けます。ただし、逐語調の文書は、話

32　2018年版白書によれば、全体の約99％（前年比0.2ポイント増）の会社が想定問答を作成しています。

した感じではニュアンスが異なることもあるので、事前に朗読して、言葉遣いをアレンジするなどしておくと良いと思います。

想定問答の個数は数百個に上ることがざらですので、事務局は、大量の想定問答の中から適切な回答をスピーディーに検索できるようにしておくことが重要です。分野ごとに体系的につづったり、エクセルやワードに保存してキーワード検索できるようにしたりするなどの工夫が必要です。また、事務局から議長や答弁役員へ回答案を提供する方法についても、紙を渡す方法や、モニターに回答案を映すなどの方法がありますが、事前にいろいろやり方を試しておくべきです。

なお、株主総会に参加した株主に、会社の好印象を抱いてもらうためには、答弁を担当する役員も、出来る限り、想定問答の作成段階から積極的に関与するべきです。具体的には、事務方が作成した回答案に添削指導するなどです。

なぜなら、質問とその回答の準備に頭を働かせると、想定外の質問にもアドリブで説得的な回答ができるようになり、答弁役員の回答能力が格段に上がるからです。株主から見たときの安心感が全く違ってきます。

(6) リハーサルは十分に実施する

株主総会当日の議事を適法かつ円滑に進行させるために、事前にリハーサルを行うことは不可欠であり、実際、ほとんどの上場会社では株主総会のリハーサルを実施しています[33]。

リハーサルでは、後述する「シナリオ」に沿って、入場（もしくは開会宣言）から閉会宣言までの進行順序を確認します。リハーサルでは、シナリオの記載内容に誤りはないか、議長がシナリオを読むスピードは適切か、言いづらい箇所や株主に聞こえづらい箇所はないか、全体の所

33　2018年版白書によれば、全体の95％を超える会社がリハーサルを行なっています。

要時間などを確認します。併せて機材の動作確認や照明や音響などの調整も行います。

　また、質疑応答の練習も行います。弁護士、証券代行機関もしくは従業員が質問役となって複数の質問を投げかけて、議長の質疑応答のさばき方や答弁の練習を行います。質疑応答の練習の際には、議長による答弁役員の指名の方法、答弁役員の回答内容に説明義務違反がないか、説明してはいけない事項に言及していないかを中心に確認します。また議長の質疑の打ち切りのタイミングや動議処理に問題がないかも確認しておきます。その後、弁護士や証券代行機関の方から講評を受けて改善点があれば、株主総会当日までに準備をします。

　特に、初めて議長を務められる場合は、事前に弁護士から株主総会の議事のさばき方について入念にレクチャーを受けておくのが望ましいです。さらに、経験上いえることは、議長だけを対象にした個別練習も複数回実施しておくことが望ましいでしょう。議長の苦手なところなどが分かりますので、全体リハーサルの前に、その苦手なところを克服しておくと、議長は自信をもって、議長の役割をこなすことができるようになるからです。総会前に、議長に安心感を与えることは、実務上も、極めて重要なことです。総会の出来不出来は、議長の采配次第というところがあるからです。

　もっとも、リハーサルは、時間の関係上、全体的な流れの確認や答弁の内容の確認がメインとなり、あまり細かい議事手続を確認する時間が取れないことも多いです。そこで、リハーサル前に、議長の個別練習の他に、答弁役員、事務局、弁護士などの少人数で、シナリオの読み合わせや議事進行の確認のためのミーティングを行っておくことも極めて有用です。さらに、実際の役員の答弁練習をすることも望ましいです。それによって、役員が自信をもって、総会に臨めるからです。

第2章●議長・役員のための株主総会の運営方法

(7) その他の準備

ア　株主懇談会

　株主懇談会は、主に株主総会閉会後に、株主と経営陣のコミュニケーションを図るために任意に開催される会です。株主懇談会は、株主に会社や経営陣を身近に感じてもらう、中期経営計画などについて株主と意見交換を行う場として有益な面もあります。株主懇談会を開催するかは費用対効果を含め検討する必要があります。

　ただし、最近は株主懇談会を開催する会社は減少傾向にあります[34]。

イ　出席株主へのお土産

　未だ多くの会社が自社製品やお菓子などをお土産として、株主総会に来場した株主に配布していますが、最近はお土産を配布しない会社も徐々に増加しています[35]。お土産を廃止する理由は、来場しない株主との公平性や費用の節約などです。

　もちろんお土産を配ることは義務ではないため、廃止しても一向にかまいませんが、株主の中にはお土産を期待して株主総会に出席する株主が少なからず存在します。そこで、お土産を廃止する場合には、事前に通知しておくとクレームや混乱を比較的避けることができます。また、質疑応答の際に廃止理由（もしくは存続する理由）について質問されることが予想されるため、その準備も怠らないようにしておいてください。

3. 株主総会当日の議事運営

　それではいよいよ、株主総会当日の議事運営について解説します。

34　2018年版白書によれば、約8割の会社が開催に消極的。
35　2018年版白書によれば、お土産を配布していない会社が全体の34.1％（前年比4.9ポイント増加）。

63

(1) 議長と役員の心構え

ア　議長の心構え

　まず、もっとも大切な「心構え」から。

　議長は大役です。ベテランの議長でも、大なり小なり、毎年株主総会を問題なく終えることができるのか不安を抱えています。初めて議長を務める方はなおさらでしょう。

　しかし、不安に感じることはありません。後述の「シナリオ」どおりにやれば、株主総会は確実に、適法に終了するように出来ています。

　そして、シナリオにないイレギュラーな事が生じた場合や進行の方法が分からない場合には、ちゅうちょせずに、その都度、事務局や弁護士の方を「堂々と」ふり返り、相談しながら進めればいいのです。これは当たり前の光景なので、株主から見ても何もおかしくないのです。

　むしろ、シナリオや事務局を無視して勝手に進めてしまうことが、最も危険なのです。この点は是非、意識して頂きたいところです。

　したがって議長は、シナリオと事務局を信じて、あとは自信をもって株主総会に臨んでください。

　それからもう一つ、株主からみて安心感のある議事運営を行うための議長のコツです。それは、兎にも角にも「ゆっくり、落ち着いて」話すこと、これに尽きます。

　人は誰でも、緊張すると早口になります。逆に、ゆっくりと話すと、気持ちに余裕が生まれ、全てを自分のペースでコントロールすることができるのです。また、早口で話されると、聞いている方も不安感を覚えます。反対に、ゆっくり落ち着いて話す議長に不安を覚える株主はいません。

　したがって、議長は、緊張しそうなときこそ、敢えて、ゆっくりと話してください。これも、慣れていない議長や緊張することの多い議長は、事前の練習で緊張を大幅に軽減できます。事前のレクチャーと練習は、

議長・答弁担当役員に関して、総会運営上の最上のノウハウです。

イ　役員の心構え

次に、ひな壇に上がる役員は全員、「常に株主に見られている」ことを意識してください。

多くの株主が、わざわざ株主総会の会場に足を運ぶのは、「社長と役員の『人となり』を見に行くため」です。そして、株主総会の会場は、思いのほか、一人一人の役員の仕草がよく見えるような構造になっています（ステージに座るのだから当然なのですが。）。

しがって、だらしない、落ち着きのない仕草を見せるべきでないことは当然です。身だしなみも大事です。さらに、株主が質問している際にはメモをとるなど、積極的かつ主体的に株主の声を聴こうとする姿勢を見せることも、とても大切です。株主総会は経営陣全体の姿勢を見せるための舞台でもあるからです。

また、議長以外にも答弁に立つ答弁担当役員も、議長と同様、ゆっくりと落ち着いて話すことが大事です。急いで話すと焦りが生じ、株主からも聞き苦しく、マイナスだらけです。

焦ったときこそ、敢えて、ゆっくり話してください。これは練習次第で解決できる問題です。

(2)　議事は簡潔な「シナリオ」に沿って進行させる

ア　シナリオの必要性

既に触れたとおり、的確な議事進行を行うためには、事前にシナリオを用意しておくことが不可欠です。

議長は、用意されたシナリオどおりに議事を進めます。

シナリオに忠実に進行することで、事務局では、議長の説明漏れや言い間違い（特に数字）がないかをチェックすることができます。大きな間違いが生じたら、事務局は、直ちに議長にその旨を伝達し、訂正を促

すのです。これは何も恥ずかしいことではありません。このように、シナリオに沿って進めることで、議事を議長と事務局の協力体制で進めることができるのです。

また、修正動議や不規則発言が提出された場合に備えて、その場合のシナリオも別途用意しておくことで、緊急時の対応も焦らず適法に処理することができます。この点も、事前に練習しておくことで、安心できます。

そこで、本書では、一般的なシナリオと動議が出された場合のシナリオを掲載しています。このシナリオをベースに各会社で対応しやすいようにアレンジしてオリジナルのシナリオを作成していただければ幸いです。

本書のシナリオのポイントは次のとおりです。

 ① 一括上程一括審議方式をベースにしました。

 ② 必要な手続きと省略可能な手続きを区別しました。

 ③ アレンジしやすいように汎用性を高くしました。

イ　一括上程一括審議方式について

複数の議題・議案があるときの議事の進め方として、「個別上程個別審議方式」と「一括上程一括審議方式」があります。

「個別上程個別審議方式」とは、議題を一つずつ上程（総会の場で、審議・決議の対象として口頭で提案すること。）し、個別に審議・可決する方式をいい、「一括上程一括審議方式」とは複数の議題を一括して上程し、一括して審議・可決する方式です。

本書では一括上程一括審議方式を推奨しています。なぜなら、一括上程一括審議方式は、以下のような長所があるからです。

1つは、株主にとって利便性が高いことです。自分の質問が報告事項のところで質問すべきか、議案のところで質問すべきかあるいは、どの議案のところで質問すべきかを悩まなくて済みます。

2つは、議長としても、株主の質問がどの段階のものかを悩まずに済むことです。

　3つは、全ての決議事項と報告事項に関する質問を一回の質疑応答タイムに受け付けるため、タイムマネジメントしやすく、質問の打ち切りのタイミングがつかみやすいという点でも優れていることです。

　実務的にも一括上程一括審議方式を採用する会社が増えています[36]。

　本書のシナリオも一括上程一括審議方式をベースにしています。

ウ　株主とのコミュニケーションを充実させる工夫

　近年、長期的にみると株主総会は長時間化する傾向にありました。その要因は、報告事項が増加したこと、一般株主が多数出席し、それに伴い株主の発言回数が増加したことと考えられています。

　もちろん、株主の発言回数が増えることは「対話型の株主総会」の観点からは望ましいことですが、株主総会が長時間に及ぶことは、株主にとって大きな負担となります。

　そこで、株主との対話の時間を長く確保しつつ、株主総会全体としての長時間化を防ぐため、必ずしも必要でない形式的な手続きを省略し、簡潔なシナリオを用意する必要性が出てきました。

　このような観点から、本書のシナリオでは、アレンジしやすいように必須の手続きと省略可能な手続きを分かりやすく区別しました（シナリオのコメント欄参照）。

36　2018年版白書によれば、議案の審議方法に「一括上程一括審議方式」と回答した会社が全体の66.8%（前年比4.0%増）。

株主総会のシナリオ（一括上程一括審議方式）

	シナリオ	コメント
役員の入場、着席		入場着席は開会時刻の1、2分前でよい。
開会の要請	事務局：定刻になりました。〇〇社長お願いします。	事務局が定刻であることを確認してから議長に渡す。
挨拶	議長：おはようございます。社長の〇〇でございます。	
議長の就任宣言	議長：当社定款第〇条に基づき、私が本総会の議長を務めます。	必須ではない。
開会宣言	議長：ただいまより、当社第〇期定時株主総会を開催します。	・これは必須。 ・これ以降が総会である。
欠席役員の報告	議長：本日は、取締役の〇〇がやむを得ない事情のため欠席しております。ご了承お願いします。	必須ではない。
発言時期の指定	議長：議事の運営は議長である私にお任せくださいますようお願いします。 株主様のご発言は報告事項及び決議事項の議案の説明が終了した後にお願いします。	・議長の議事整理権の行使。

議決権の状況の報告	議長：本株主総会において議決権を有する株主様数は〇名、その有する総議決権の数は〇個です。 そのうち、本日ご出席の株主様、議決権行使書をご提出いただいている方、及びインターネットにて議決権を行使された方を含めて〇名、その議決権の数は、〇個です。	必須ではない。ただし、定足数を充足していることは確認すべき。
定足数充足の報告	議長：よって、本総会の議案を審議するに必要な定足数を満たしています。	必須ではない。
監査報告	監査役：監査役会において協議した監査結果を報告します。（監査報告の読み上げ）	必須ではない。ただし、違法意見がある場合は必須である。
事業報告、連結計算書類及び計算書類の報告	議長：では、第〇期事業報告、連結計算書類及び計算書類を報告します。	・必須である。 ・事業報告等を分かりやすくかつ簡潔に行う工夫が必要である。ナレーションと映像を使う会社が増えている。
決議事項の説明	議長：次に決議事項である議案の説明をいたします。 第１号議案は、「〇〇の件」です。本議案の内容は・・・。 第２号議案は、「〇〇の件」です。本議案の内容は・・・。 本総会でお諮りする議案は以上です。	・必須である。 ・一括上程一括審議方式の場合は、議案の内容を一括して説明する。

審議のルール設定 （一括上程一括審議方式）	議長：審議の方法ですが、報告事項および全ての決議事項について株主の皆さまからのご質問、ご意見、動議を含めてのご発言をお受けします。 その後、決議事項につき採決のみ行いたいと思います。 [この審議の方法にご賛成いただける株主の皆さまは拍手をお願いします。 （株主拍手） 議長：過半数のご賛成を認め、この審議方法で進めます。]	・一括上程一括審議方式を採用することの説明。 ・[ ]内は、一括上程一括審議方式について念のため株主の同意を得ておくもの。ただ、法律上、議事進行は議長の専断事項なので株主の同意が必要なわけではない。[ ]の部分は必須ではない。 ・なお、ここでいう「過半数」は、出席株主の過半数を指す。
審議のルール設定 （発言の受付）	議長：株主様からのご発言をお受けします。 質疑を打ち切りました後は、一切の発言をお受けできませんので、ご発言を希望される株主様はどの議案に関する発言でも結構ですので、この機会にお申し出ください。 それでは、発言を希望される株主様は挙手をお願いします。	・株主に発言の機会がここに限られることと、全ての議案についての発言を受け付けることを説明する。 ・一人２問までなど質問数の制限を設ける場合はここで説明しておく。
質疑応答	（議長が挙手した株主を指名） ↓ （株主からの質問） ↓ （議長が担当役員の指示） ↓ （担当役員による回答） ↓ 議長：他に発言はございますか。 （繰り返し）	必須である。

第2章●議長・役員のための株主総会の運営方法

質疑の終了	【質問を打ち切るとき】 議長：それでは、十分質疑を尽くしましたので、ここで質疑を打ち切り、決議事項の採決に移りたいと思います。[が、よろしいでしょうか。 ご賛成いただける株主の皆さまは拍手をお願いします。 （株主拍手）] それでは、決議事項の採決に入ります。 【質問が出ないとき】 議長：質問はありませんか。 （少し間を置く） 議長：質問がないようですので、採決に移ります。	・質疑の時間が十分に経過した場合（通常は1～2時間）には質疑を打ち切ることが可能。ただし、法律問題なので、事務局席の弁護士に確認してから打ち切る。 ・[ ] 内は、質疑の打ち切りについて、念のため株主の同意を得るもの。ただ、これも省略は可能。 ・会場をゆっくり見渡して、挙手している株主がいないか確認する。
採決	議長：それでは、第1号議案「〇〇の件」について採決します。 本議案にご賛成いただける株主様は拍手をお願いします。 （株主拍手） 議長：本議案は、議決権行使書及びインターネットによる議決権行使を含め〈過半数／3分の2以上〉の賛成をいただき、原案どおり承認可決されました。 議長：次に第2号議案・・・	・必須である。 ・これ以降は、株主からの発言希望を受け付けなくてよい。 ・一括上程一括審議方式では、各議案の採決をまとめて順次行う。 ・修正動議が出された場合の採決方法は後述する。
閉会宣言	議長：以上をもちまして、本総会の目的事項は全て終了しました。 第〇期定時株主総会を閉会します。	・必須である。 ・ここまでが総会。

新任役員の紹介	本日新たに選任されました取締役を株主様に紹介させていただきます。	必須ではない。
役員退出	議長および役員は退出する。	株主より先に退出する。

(3) 受付～開会宣言まで

ア 総会の受付

　来場する株主のために受付を設置する必要があります。多数の株主の来場で混雑が予想される場合には、余裕をもって受付スタッフを多めに配置しておく必要があります。外部の専門家である証券代行機関から受付事務の応援を呼ぶことも多く行われています[37]。

　受付を設ける主な目的は、株主資格を確認することと議決権数を集計するためです。とりわけ株主資格の確認は、議場に株主でない者を入場させたり、逆に株主の入場を拒絶したりすると決議取消事由となり得るため注意が必要です[38]。

　問題株主（総会屋、会社と紛争状態にある者など）が来場した場合は、受付係は、問題株主の座席を把握して、議長や事務局に伝えます。問題株主がどこに着席しているかを議長が把握していれば質疑応答の際に対応しやすくなるからです[39]。

37　2018年版白書によれば、証券代行機関から「応援を受けた」と回答した会社が全体の80.4％（前年比0.5ポイント増）。

38　株主資格の確認をどのような方法で行うかというと、実務上は、来場者に会社が送付した書類（持参した議決権行使書面、委任状、出席票など）を提示させることによって確認します。他方、これらの書類を持参しなかった来場者に対しては、株主名や住所などを記載してもらい、株主名簿と照合して入場させるなどして確認する方法が考えられます。

39　受付事務に関する最近の話題としては、実質株主に対する受付対応をどうするかという問題があります。実質株主とは、信託銀行等の名義で株式を保有する機関投資家のことです。実質株主は株主名簿上の株主ではないため、これまでは株主総会に出席できないという扱いが一般的でした。しかし、CGコード補充原則1-2⑤や全国株懇連合会のガイドライン（2015年11月13日付「グローバルな機関投資家等の株主総会への出席に関するガイドライン」）の制定に伴い、実質株主から希望があった場合には、傍聴による入場を認めるという方針を採用している会社が増えています。

イ　出席

（ア）役員

　取締役は、株主総会の議題について説明義務を有していますので株主総会に出席する義務があります。監査役も、監査報告を行い、取締役が株主総会に提出しようとする議案や書類等を調査して株主総会に報告する義務があるため、株主総会に出席する義務があります。もっとも、取締役や監査役が出席しなくても株主総会は成立します。

　なお、議長はその権限で、総会運営上の便宜のため、取締役ではない従業員や弁護士を同席させることができます。

（イ）新任役員候補者

　新任役員候補者に出席義務はありません。しかし、多くの会社では選任議案可決後に新任役員の紹介を行うことから、新任役員候補者が出席していることが実務上よくみられます。株主席の最前列の端に新任役員候補者席として設置することが多いです[40]。

ウ　役員の入場

　役員の入場時間は定刻の1〜2分前で構いません。役員があまり早く入場してもやることはなく、かえって無言のままで株主と長時間向かい合うことになりかねません。

　役員の入場の際のお辞儀や着席のタイミングなどは事前に統一しておきます。特に役員が着座前に一斉にお辞儀をする場合、タイミングがばらばらになることがしばしばあります。

40　本文で述べたほか、会計監査人の出席も検討します。会計監査人は必ずしも出席する必要はありませんが、会計監査人の意見が監査役の意見と異なる場合や、会計監査人の出席を求める手続き上の動議が可決された場合には出席する必要があります。したがって、議案の内容や不祥事等の関係で、会計監査人出席の動議が可決される恐れがある場合には、会計監査人に別室で待機してもらうことを検討しておく必要があります。また、万一、問題株主が暴力行為に出た場合などに備える観点から、警察の応援を依頼しておくことも一般的です。

議長のお辞儀のタイミングに他の役員が合わせたり、会場後方でスタッフがお辞儀のタイミングを誘導したりするなどの対応が考えられます。

ただし、これは本来、リハーサル段階で決めて、ぬかりなく練習しておくべきことです。

(4) 開会宣言〜質疑前まで

ア　議長の役割と権限

株主総会で議事進行を行うのは議長の役割です。

議長は、定款で代表取締役社長が就任すると規定している会社が多いですが、定款に定めがない場合は、株主総会の決議によって議長を決めることもできます。

株主総会の目的は、前述のとおり、株主総会を適法に運営すること、会社提案を可決させること、株主と対話を行うことです。そのためには、株主が目的事項について必要かつ十分な審議を行うことができる場を提供する必要があります。そこで、議長には株主総会の議事を整理し、株主総会の秩序を維持するという役割が課せられています。

その役割を遂行するため、法律上、議長には株主総会の議事を整理する権限（議事整理権）と秩序を維持する権限（秩序維持権）が認められています。イメージ的には、議長は株主総会の運営上でオールマイティです。議長の議事運営に対して逆らえる株主は存在しないからです。つまり、議長は、株主総会の議事運営に関して全てを決める強大な権限を持っているのです。具体的には以下のとおりです。

（ア）議事整理権

議事整理権とは、議事の進め方に関する権限です。開会すること、定足数の確認、審議の順序を決め、株主の発言時期を指定し、質問数の制限や質問者と回答者を指名したり、動議の処理、質疑の打ち切り、採決

方法を決定したりすること、および閉会することも議長の権限です。

　議長はこの議事整理権を適切に行使する限り、それは適法になります。その適切な行使を支援するのが事務局と立ち合い弁護士の役割になります。

　具体的な議事整理のやり方は、のちほど各議事手続の箇所で細かく解説します。

（イ）秩序維持権

　また議長は株主総会の秩序を維持するため、議事整理権に基づき、株主による不規則発言を禁止するよう命令することができます。さらに、議長は、この命令に従わない株主や議場の秩序を乱す株主を退場させることができます。

　ここで、株主が不規則発言を行った場合の退場までのシナリオを紹介します。

（冒頭から株主が野次、動議その他何らかの発言をした場合）
　→議長はその発言を無視してシナリオの「発言時期の指定」まで議事を進める。
議長：「株主様のご発言は議案の説明ののちにお受けします。」
　※これで発言時期を指定されたので、これ以後の株主の野次などは不規則発言として扱う。

（株主が発言を続ける場合）
　→不規則発言として禁止命令を出します。毅然と述べてください。
議長：「議長の許可を得ない不規則発言は禁止します。」、「静かにしてください。」、「議事の進行の妨げになりますので発言は控えてください。」など。

（それでも株主が発言を続ける場合）
　　→退場命令の警告を行います。
議長：「今後、議長の指示に従わない場合は退場を命じることになります。」

（なおも株主が発言を続ける場合）
　　→最終的には退場命令を発令してもやむを得ません。
議長：「退場を命じます。速やかにご退出ください。」

　なお、不規則発言に対処する際の議長の心構えは、「威厳をもって、厳格に対処すること」です。下手に出てはいけないのです。
　議長のなかには、「不規則発言者も株主様だから」と遠慮してしまう方もいますが、これは大きな間違いです。株主といえども、他の株主全体の利益を侵害する権利はないのです。つまり、不規則発言は、株主の権利でも何でもないのです。
　したがって、不規則発言をする株主は厳しく制圧しなければなりませんし、それが、議長の義務でもあるのです。

イ　動議（手続的動議）

　総会当日の議事の最中に、株主が提出する提案を動議といいます。動議には(1)手続的動議と(2)修正動議の２種類があり、それぞれ対応の仕方が異なります。
　ここでは手続的動議に対する議長のさばき方を解説します（修正動議については質疑応答の箇所で解説します。）。

（ア）手続的動議

　手続的動議とは、議事進行に関する動議をさします。議事進行に関する権限は議長にあるので、株主から手続的動議が提出されたとしても、議長の判断で手続きを進めることができるのが原則です。

しかし、例外的に、次の手続的動議については、議長は議場に諮る必要があります。

①調査役選任の動議

②会計監査人出席要求の動議

③総会の延期の動議

④株主総会の休憩の動議

⑤議長不信任（議長交代）の動議

⑥候補者ごとの個別採決の動議

したがって、この①から⑥の手続的動議が提出された場合、議長は動議を議場に諮らなければなりません。万が一①から⑥の手続的動議を議場に諮らなかった場合は動議処理のミスとして決議取消事由になる恐れがあります。

もっとも、何が議場に諮るべき動議で、何がそうでない動議なのか、議長が判断するのは困難であり、また危険でもあります。

そこで、実務上の対応としては、ともかくも株主から動議らしきものが提案されたら、議長は、事務局席の弁護士と相談して対応を決めるようにするのが無難です。

動議 ── 手続的動議 ── 議場に諮る必要がない動議（下記以外の動議）
　　　　　　　　　　└─ 議場に諮る必要がある動議

①調査役選任の動議

②会計監査人出席要求の動議

③総会の延期の動議

④株主総会の休憩の動議

⑤議長不信任（議長交代）の動議

⑥候補者ごとの個別採決の動議

└─ 修正動議（決議の際に、議場に諮る必要あり）

（イ）手続的動議が提出された場合のシナリオ

　ここで、手続的動議が提出された場合のシナリオを紹介します。

　株主から手続的動議が出された場合、通常のシナリオを中断して、直ちに次の動議シナリオに移ります。

議長：ただいま株主様より、〇〇の動議が提出されました。

私としては、その動議に反対です。

> 【上記①～⑥の動議に応じて】
> ①調査役を選任しないことに、
> ②会計監査人の出席を求めないことに、
> ③④このまま総会を開催し、議事を進めることに、
> ⑤私がこのまま議長を続けることに、
> ⑥一括採決することに、

ご異議はありませんか。

私に賛同いただける株主様は拍手をお願いします。

（株主拍手）

議長：過半数の賛同を認め、このまま審議を進めます。

　手続的動議の場合、総会に出席した株主のみが議決権を行使でき、事前投票による議決権数はカウントされません。したがって、手続的動議の賛否は出席株主の議決権の過半数で決することになります。

　そのため、会社は出席株主の議決権の過半数を確保するため、大株主に総会への出席を依頼しておく、もしくは大株主から包括委任状（議案のみならず議事進行について議長に一任する旨を明確に定めた委任状）を受領しておきます。

　採決の際は、議長が出席株主の議決権の過半数の賛同があることを確認して（実際は大株主等が拍手していることを確認して）、手続的動議を却下することになります。

ウ　監査報告

　通常、監査報告は常勤監査役によって行われます。これは、監査役全員の意見が一致していることから監査役会を代表して常勤監査役が監査報告を行うというものです。

　実務上は、シナリオに監査役による監査報告を設けるのが通例となっています。

　しかし、取締役が株主総会に提出しようとする議案や書類等に法令・定款違反または著しく不当な事項が認められる場合以外は、法的には監査役は監査報告を行う必要がないので、基本的には監査役による報告は省略可能です。

　なお、指名委員会等設置会社の監査委員には、この株主総会提出議案等の審査・報告義務はありません。

エ　事業報告、連結計算書類、計算書類

　法改正により報告事項が増加したため、事業報告の説明時間が長時間化する傾向があるようです。

　しかし、事業報告は経営陣の業務執行の成果や今後の取り組みを記載したものですので、株主の信任を獲得すべく、株主の知りたいことを、簡潔に、分かりやすく説明する工夫が必要です。

　そこで最近は、事業報告の説明にパワーポイントをプロジェクターで映写したり、ビデオを上映したりするなどのビジュアル化が進んでいます[41]。たとえば、第3章で述べるとおり、事業報告には各社の経営計画を盛り込むことが有益ですが、その内容をビジュアル化したうえで丁寧に説明すれば、一般株主の理解が格段に進みます。

　逆に、説明時間の短縮化という観点からは、さして株主の関心が高くない説明や単体の計算書類（連結計算書類と重複する部分が多い）など

41　2018年版白書によれば、ビジュアル化を実施している会社はほぼ9割となり、前年比でも増加しています。

の説明は、「お手元の株主総会の招集ご通知○頁に記載のとおりです。」と述べるだけで詳細な説明を省略する会社も多いです。

オ　審議のルール設定

　議長は、質疑応答に入る前に、審議の進め方について説明を行います。まず、一括上程一括審議方式を採用することを説明します。

　また、株主の質問の方法や回数などの質問に関するルールの設定を質疑が始まる前に行っておきます。株主一人あたりの質問数や質問時間を制限することは、できる限り多数の株主に発言の機会を与えるとして認められています。たとえば「株主様お一人様につき2問までとさせていただきます。」や「質問は1問ずつお願いします。」といった具合です。

(5)　質疑応答の作法

　次は質疑応答です。説明義務違反、動議処理や質疑の打ち切り処理の誤りといった株主総会決議取消事由は、この質疑応答の場面で生じるため、議長にとっては正念場です。それは同時に、総会事務局、立ち合い弁護士が責任を負うべき場面でもあります。詳しく見ていきましょう。

ア　発言の受け方

（ア）株主の指名方法

　複数の株主から挙手があった場合、誰を指名するのがよいでしょうか。会社には、各々の事情がありますので、最初に誰を指名するかが重要になる場合もあります。通常は、最初に挙手した一般株主を指名するのが安全です。もちろん問題株主は控えた方がよいですし、毎年発言する株主を指名した場合には他の株主から「今年もか」と不公平感を持たれる恐れがあるので避けた方がよいでしょう。

　従業員株主も株主である以上、従業員株主が発言を希望した場合には指名することは問題ありません。ただし、会社が従業員株主に事前に質問するよう依頼して質問させる場合には注意が必要です。確かに、他の

第2章●議長・役員のための株主総会の運営方法

一般株主の発言を促して審議を活性化させるために、まず従業員が質問を行うよう依頼することには合理性があります。しかし、最近の裁判例において、従業員株主の質疑応答時間が長時間に及び、一般株主の質疑応答の時間を不当に制限するような場合には、議事運営の方法として疑義がないとはいえないと判示されています[42]。そこで従業員に質問を依頼する場合には、一般株主の質疑応答時間を制限しないように気を付ける必要があります。

　株主を指名する場合、議長は、その株主に目線と手を向けて（指を指すのは失礼）で「そちらの株主様」と言えば通常は特定できます。しかし、会場が広い場合や挙手している株主が近くのエリアに集中している場合は、「前から○列目の株主様」、「Ａブロックの○列目の株主様」や「赤色のネクタイの株主様」などと言って特定する方法もあります。なお、株主を身体的な特徴で指定するのは失礼にあたる場合が多く、避けた方が良いでしょう。

（イ）出席票の番号と氏名の確認

　指名した株主には、質問前に出席票の番号と氏名を名乗ってもらいます。発言者を特定するためです。発言者が出席票の番号と氏名を名乗ることを忘れている場合には、議長が株主の質問を遮っても結構ですので、「株主様、出席票番号と氏名をお願いします。」と確認するようにしてください。

　株主が氏名を言うのを拒む場合は無理に聞き出す必要はなく、出席票の番号だけでも聞いてください。出席票の番号さえも教えたくない株主には無理に聞き出す必要はなく、そのまま質問を受け付けていただいても結構です。

42　フジ・メディア・ホールディングス株主総会決議取消訴訟・東京地裁平成28年12月15日判決（金融・商事判例1517号38頁）

（ウ）質問は必ずメモする

　議長および事務局、そしてできれば他の役員も、株主の質問はメモにとるべきです。取締役は、質問に応える義務を負っていますので、まずは質問内容を正しく把握する姿勢を示すことが重要だからです。

　また、後述のとおり、議長次第ではありますが、通常の場合、議長は質問内容を復唱するのが望ましく、そのためには、議長自らがメモをとることが必要です。

　議長のメモが不十分な場合には、事務局が議長を手助けしなければなりませんから、事務局はしっかりと株主の発言をメモし、必要に応じて議長に差し入れることができるよう準備します。

　株主の質問が、小声、早口、あるいは曖昧であるなど、上手くメモがとれない場合があります。その際は、議長は即座に聞き直さなければなりません。議長が聞き取れない場合、事務局も同じく聞き取れていないのが普通です。ですから、「事務局がメモしただろう」などと安易に考えて、質問を続けさせてはいけません。

（エ）質問数の制限等

　しばしば矢継ぎ早に複数の質問をしてくる株主がいます。株主の質問数が2、3問以上になると、議長としても質問内容の把握が難しくなり、回答漏れが生じる恐れが高まります。そのような場合は、続けて質問を行おうとする株主に対し、議長は「質問は1問ずつお願いします。最初の質問についてまずお答えします。」などと制止します。

　また、長々と演説を始める株主がいます。そうなると質問内容が不明確で的確に回答することが困難となりますし、延々と演説を聞かされる他の株主にも不満が募ります。そのような場合は、議長は「ご発言は簡潔にお願いします。」とか「あと1分で質問の内容をまとめてください。」と述べて、演説を抑止するとよいでしょう。

　さらに、株主総会の目的事項と明らかに無関係な質問や、株主の権利

とは無関係な個人的利益に関する質問、もしくは単なるクレームの場合は、議長は「議案に関するご質問をお願いします。」と述べて、質問を制限すべきです。

（オ）質問内容の把握

　議長は、株主から質問を受け付けた際、質問の内容を要約して復唱するのが望ましいです。こうすることによって、株主の質問の主旨を正確に把握できるうえ、答弁役員が回答案を整理する時間を稼ぐというメリットがあるからです。

> 議長：ただ今の株主様のご質問は、○○ということでよろしいでしょうか？（株主に異論がないことを確認し）それでは、このご質問に関しては、担当取締役の○○から回答させていただきます。

　また、複数の質問を受けた場合には、議長が「今のご質問は、1点目は○○。2点目は○○。3点目は○○というものと理解しましたが、よろしいでしょうか。」と各質問を復唱することによって、質問に対する回答漏れを防ぐことができます。

　なお、質問の復唱に際しては、上記の例のように質問形式とする場合と、そうでなく言い切り型にする例もあります。

　これについては、質問形式にすると「いや、そうじゃなくて、〜」といった株主との議論を惹起するから良くないという考えもあります。

　しかし、総会屋と戦っていた時代とは異なり、現代では、「質問形式にしたために議論が惹起されて困る」という事態はほとんど見かけません。

　質問形式とした方が丁寧な印象を与えるため、荒れる総会が予想されているなどの特段の事情がない限り、質問形式としても差し支えありません。むしろ、株主とのコミュニケーションを重視する観点からは、質問形式の方が好ましいかもしれません。

なお、以上のとおり、議長による質問の復唱が推奨されますが、復唱が苦手な議長もいます。その場合には、事務局が質問内容の要約をすればよいだけのことです。そのため、回答までに時間を要したとしても、何の問題もありません。株主総会の運営は、議長が主役なので、議長の特性に合わせて行うべきものだからです。

（カ）質問後のマイク

　マイクスタンドの場合、株主の質問が終了し、質問の要約・確認などの後は、議長は「ありがとうございました。株主様席にお戻りください。」と着席を促すようにしてください。ワイヤレスマイクの場合も、株主の質問終了の都度、マイク係が株主からマイクを預かるようにしてください。これは、マイクが株主の手許にあると、株主は答弁役員の回答を遮って発言したり、議長や答弁役員に対し議論を持ちかける恐れがあり、それを回避するためです。

　議長が着席を促しても株主が自席に戻らない場合やマイクを離さない場合は仕方ありません。しかし、その場合でも、「追加質問は役員の回答後にお受けしますので、お待ちください。」や「他の株主様もいらっしゃるので、質問は1度につき1問にしてください。」と言って発言を抑止することが望ましいです。

（キ）発言がないとき

　質疑応答の開始直後は、株主はすぐに挙手しないことがよくあります。大勢の前でいの一番に発言するのに抵抗がありますし、質問を考えたりまとめたりするのが通常です。そこで、議長は、株主から手が挙がらなくてもすぐに採決手続きに入らず、挙手があるまで何秒か待つようにしてください。または議長から「せっかくの機会ですから、ご発言いかがでしょうか？」と積極的に発言を促したりすることも考えられます。こういう場合、従業員株主に発言をしてもらい、他の一般株主が質問しやすい雰囲気をつくることも考えられます。

第2章●議長・役員のための株主総会の運営方法

しばらく時間をおいても株主から発言がない場合には採決を行うことになります。

【発言がないときのシナリオ】

議長：それでは、発言を希望される株主様は挙手をお願いします。

（何秒か時間をおく）

議長：発言はございませんか。

（何秒か待ち、挙手がないことを確認して）

議長：ご発言がないようですので、採決に入ります。

イ　答弁役員の指名

（ア）答弁担当者は議長が決める

　議長は答弁者として誰を指名するかを決める権限を有しています。もちろん議長自らが回答してもよいですし、質問の内容に応じて担当役員を指名することもできます。

　なお、一般論としては、会社全体の業績や経営方針等に関する質問に対しては議長である社長が回答すると株主の納得感が得られる場合が多いです。

　他方、議長の負担軽減の観点や、職務分掌に応じた適切な回答を確保する観点、そして議長以外の役員にも当事者意識を強く持ってもらうなどの観点から、各事業部門に関する細かい質問に対してはその事業部門の担当役員を、また細かい財務上の数値に関する質問は財務担当役員を、それぞれ答弁者として指名する方が望ましいと考えられます。

　担当役員が先に回答し、そのあとで議長が補足のコメントを述べる方法や、逆に、社長が概要を回答しそのあとで担当役員に詳細な内容を回答させる方法も有効です。

　以上のとおり、答弁は分担し、担当役員を決めるのが良いと考えます。ただ、質問次第では、誰が適切な答弁役員か、分からない場合もありま

85

す。このような場合は、何でも回答をこなせるタイプの役員に回答してもらうことです。

　リハーサルの段階で、大まかな役割分担を決めた上で、答弁役員による回答も十分練習し、上記のような答弁者を決めるのが難しい質問の対応についても練習しておくと良いでしょう。

（イ）株主から答弁役員を指名されたとき

　では、もし株主から答弁者を指名された場合、議長はどうすべきでしょうか。

　株主から「この質問を A 取締役から回答いただきたい。」と答弁者を名指しされた場合でも、答弁者の指名権は議長にあるため、議長は自ら回答することもできますし、別の担当役員 B に回答させることもできます。取締役の説明義務は取締役個人ではなく取締役会全体として負うべきものですから取締役の誰が回答しても構いません。

　そこで「A 取締役からの回答をご希望ということですが、担当が B 取締役ですから、B 取締役から回答させていただきます。」と一言添えて担当役員を指名すれば、質問をした株主に不快感を与えない、丁寧な対応となります。

（ウ）株主が社外取締役を指名したとき

　次に、社外取締役を指名された場合はどうでしょうか。

　この場合も、法律上は、議長は社外取締役を指名する必要はありません。ただ、近年は社外取締役に期待される役割が高まっており、また、独立社外取締役には、自身の知見に基づく経営の方針や経営改善についての助言や、経営の監督等の役割や責務が期待されています[43]。

　このような質問に対し、監督される側の社内取締役が回答するのはいかにも不自然です。そこで最近は、特に社外取締役の活動状況、業務執

43　CG コード原則 4-7。

行に対する監視体制等に関する質問に対しては、社外取締役自らが回答することが望ましいとされています。

なお、社外取締役を指名する方針とする場合は、事前に社外取締役にその旨を伝え、必要に応じて質疑のリハーサルにも参加してもらうなどの事前準備が必要です。

（エ）株主が監査役を指名したとき

また、株主が特定の監査役を指名した場合はどうでしょうか。

この場合、監査役は独任制の機関ですから、指名された監査役が回答しなければなりません。この点は注意が必要です。

監査役の名前を指定せずに単に監査役の回答を求められた場合は、通常は常勤監査役から回答することになります。

一方、非常勤監査役を名指しで指名された場合の回答の方法としては、「監査役として意見が一致しているため常勤監査役から回答します。」と一言添えて常勤監査役から回答してもらう方法、常勤監査役に概ね回答してもらったあとで非常勤監査役から「同意見です。」と一言回答してもらう方法、もしくは非常勤監査役に適宜回答してもらう方法を採ることが考えられます[44]。

ウ　答弁に対して株主が納得しない場合

答弁内容に対して株主が納得しない場合があります。

しかし、そもそもどのような回答を行っても納得しない株主は一定程度存在することから、取締役に、すべての質問者が納得するまで説明を尽くす義務を負っているわけではありません。すなわち、他の「一般的な株主が一応納得する程度の説明」を行えば、説明義務は尽くされたもの

44　本文で述べたほか、指名委員会等設置会社において、執行役を指名された場合は、執行役は一人一人が独任制の機関ですので、指名された執行役が回答するのが望ましいです。また監査等委員会設置会社の監査委員の取締役は監査等委員の職務について説明義務を負うため、たとえば監査業務に関する質問については説明義務を負います。もっとも、監査等委員会の委員であれば誰を指名してもよいとされています。

と評価されるのです。

　そこで議長は「以上のとおり回答いたします。では、他に発言を希望する株主様はいらっしゃいませんか。」と、毅然と次の質問者の指名に移っていただいて結構です。

　納得のいかない株主は同じ質問を繰り返して質問する傾向があります。株主が一度回答をした質問を何度も繰り返し行ってくるような場合、議長は「ただ今の質問に関しては、先ほどお答えしたとおりです。ご了承ください。」、「他の質問があれば、お願いします。」、「他に質問がないようですので、他の株主様ご質問はございますか。」と、その質問は既に回答済みであることを伝え、他の質問があれば受け、他に質問がなければ、次の質問者を指名するという処理をすれば足ります。

エ　意見の場合

　株主から、質問ではなく意見が提出されることも時々あります。質問ではないので必ずしもこれに回答する義務はありません。意見が出た場合、議長は、「貴重なご意見ありがとうございます。今後の経営の参考にさせていただきます。」と述べ、丁寧に、意見として受け取ればそれで足ります。

オ　修正動議の対応

　ここでは修正動議（議案提出権）が提出された場合の議長のさばき方について解説します。

　修正動議とは、決議事項の議案の内容を修正する議案を提案することです。たとえば、配当の議題において、「一株あたり5円配当」という会社の議案に対し、「一株あたり10円の配当を求める」という議案を株主が提案する場合や、取締役選任議案の「A氏を取締役に選任する」議案に対し、「B氏を取締役に選任する」議案を提案する場合です。

　修正動議の処理の手順は、次の（ア）（イ）（ウ）のとおりです。

88

（ア）　修正動議か意見かを明確にする

　株主の発言から、単なる意見と修正動議のいずれなのか不明確なことはよくあることです。たとえば、「一株あたり５円配当する」という議案に対して、株主から「一株あたり10円配当する議案を提案します。」という発言があれば修正動議であることは明確です。これに対し、「もう少し配当額をあげて欲しい。」という発言の場合、配当額が具体的でないので修正案とはいえず、意見です。また、「配当10円になりませんか。」という発言があった場合は、意見なのか修正動議なのかの判断が難しく、議長は「今のご発言はご意見ですか、それとも動議とされる御趣旨でしょうか。」などと確認する必要があります。

（イ）　不適法な議案は却下し、適法な議案を議場に諮る

　修正動議が提出された場合、提案された議案が適法か否かを判断します。

　適法な議案は修正動議として取り上げて採決しなければなりませんが、不適法な議案は取り上げずに採決することなく却下することができます。

　不適法な議案とは次のような議案です。

　　　①提案内容が法令・定款に違反する議案

　　　②議題から通常予測できない議案

　もっとも、株主からの修正動議が不適法か否かを、議長が判断することは困難ですから、議長は、事務局席の弁護士と相談して判断するのが安全です。そのうえで、実務上は、安全を期すために、適法性に疑義ある議案も、念のため議場に諮り採決したうえで否決するという処理を行うことも多いです。

（ウ）　適法な修正動議を議場に諮る

　提出された修正動議が適法である場合は、議場に諮る必要があります。また議長は、修正動議の提案者に提案理由の説明の機会を与える必要が

あります。

　採決方法として、修正動議が提出された都度、修正動議を審議採決するという方法と、原案と一括審議採決する方法があります。後者の方が簡便だと思われますので後者を紹介します。なお、採決方法は議長の権限ですが、念のため議場に諮るようにします。

議長：ただいま株主様から修正動議が提出されました。

この修正動議については、原案と一括して審議のうえ、後ほど採決したいと思いますが、よろしいでしょうか。この採決方法にご賛成の株主様は拍手をお願いします。

（株主拍手）

過半数の賛成をいただきましたので、そのようにいたします。

（通常の質疑応答に戻る）

　修正動議が提出された場合の採決の方法については、「採決」の箇所で触れます。

（エ）修正動議の処理のまとめ

　前述のとおり、修正動議の処理の誤りは株主総会決議の取消事由となる恐れがあります。

　したがって、議長としては、修正動議が提出された場合には上記の手順に従って慎重に処理することが重要です。

　修正動議の処理をミスしないためのポイントは、事務局や事務局席の弁護士と都度相談しながら処理を行うこと、そして、修正動議のシナリオに忠実に処理することです。

　修正動議の処理は重要ですし、誤りやすい点がありますので、必ず、リハーサルでしっかり練習しておく必要があります。

第2章●議長・役員のための株主総会の運営方法

⑹　質疑打ち切り～採決まで

ア　質疑の打ち切り

質疑の打ち切り処理を誤ると株主総会の決議取消事由となります。これは、株主が発言を希望しているにもかかわらず質疑を強行的に打ち切ることは、株主の審議の機会を奪うことになるからです。

したがって、議長は質疑の打ち切りについても慎重に行う必要があります。

最近では、発言を希望する株主がいる限り質問は全部受け付け、質疑を打ち切らないという方針の会社も多いです。質問する株主が多くない会社では打ち切らない方針が望ましいです。

しかし、株主の質問が延々と続くような場合には、質疑を打ち切って会議を進める必要があります。したがって、質疑の打ち切り処理の仕方を理解しておくことは大切です。またリハーサルでは、念のため、質疑の打ち切りの練習はしておきます。

そこでまず、どのような場合に質疑を打ち切ってよいか確認しましょう。

抽象論としては、「株主が、議案を採決するうえで必要な議論が十分に尽くされた場合」には、質疑を打ち切ることができます[45]。

これは、具体的には、開会後、2時間程度経過したことが一つの目安とはなりますが、議案の数や質疑の状況次第で異なりますので、時間だけを目安にしてはいけません。また、同じ質問が繰り返し出されるようになってきた場合や説明義務のない質問が複数出始めた場合はそろそろ質疑の打ち切りのタイミングと判断することができます。

45　中部電力事件・名古屋地裁平成5年9月30日判決（資料版商事法務116号187頁）では、「平均的な株主が客観的にみて会議の目的事項を理解し、合理的に判断することができる状況にあると判断したときは、まだ質問等を求める者がいても、そこで質疑を打ち切って議事進行を図ることができるもの」としている。なお、問題となった中部電力の株主総会では、質問した株主17名（18件の質問）、質疑時間約50分（一括回答時間約1時間）で適法と判断されている。

91

いずれにせよ質疑の打ち切りは、議長が独断で判断せず、事務局（特に弁護士）と相談して決めることが必要で、会社によっては、打ち切りの時期を弁護士に任せる例もあります。

　また、質疑の打ち切りを行うにあたっても、念のため、議長は「それでは、十分質疑を尽くしましたので、ここで質疑を打ち切り、決議事項の採決に移りたいと思いますが、よろしいでしょうか。」と打ち切りの可否について議場に諮っておくのが安全です。

　もしくは、いきなり打ち切るのではなく、「審議時間が長時間経過しましたので、ご質問はあと１名とさせていただきます。」と打ち切りを予告しておけば、株主にとって不意打ち感を軽減できます。

イ　採決

（ア）採決の方法

　議案の審議の後は、決議事項について採決を行います。

　採決の方法は、特に定めはなく、議長の権限に委ねられています。実務上は、議案に賛成する株主に拍手を依頼して、賛成多数とする会社がほとんどです。

　もっとも、採決には正確な賛否数をカウントする必要はなく、議案の可決に必要な賛成数が確認できれば足りるとされています。実際は、議決権行使書と当日出席した大株主の議決権（委任状を含む）で議案の決議要件を上回る場合は、出席した大株主が賛同（拍手）していることのみを確認しているのが通常です。

　他方、賛否の数が拮抗しており、総会当日の賛否を確定しないと結論が出ない場合は、出席株主の賛否を厳格にカウントする必要があります。株主の頭数ではなく議決権でカウントする必要があるので、事前に配布した投票用紙を回収する、電子端末機器を用いた投票システムを利用するなどの準備をしておく必要があります。

（イ）修正動議が提出された場合の採決方法

　修正動議が提出された場合の採決方法は、前述のとおり原議案と一括して採決しますが、先に原案から採決する場合が一般的です。修正動議は原議案と論理的に相反することから、原議案が可決されると、当然に修正動議は否決されたことになります。したがって、この場合、その後修正動議について改めて賛否を確認する必要はありません。

　この点、いかなる採決方法を採るかは議長の権限ですが、実務上、「原案を先に審議し、修正動議の議案を後で審議するという順序で賛否を議場にお諮りしてもよろしいでしょうか？」と議場に諮っておくのが一般的です。

　以下では、修正動議が提出された場合のシナリオを紹介します。

（修正動議が提出されている場合のシナリオ）

（採決に入る前）

議長：なお、先ほど株主様より本日の議案につき修正動議が提出されていますが、原案を先に採決したいと思います。この進行方法にご賛同いただける株主様は拍手をお願いします。

（株主拍手）

過半数の賛同を認め、原案を先に採決します。

では、第○号議案○○の件について採決します。

　　　　　⋮

賛成過半数ですので、本議案は原案通り可決されました。なお、原案が承認可決されましたので、修正動議につきましては否決されたものといたします。

---

(7)　事務局のサポートが大切

　議長は、進行方法に迷ったり、疑問があるときには事務局に適宜相談するべきです。議長は、事務局と相談する場合、何も言わずに振り返る

93

より、「事務局と相談しますので少し時間をください。」と株主に断って相談する、相談後には「お待たせしました。」と一言添えるだけで印象が非常によくなります。

　議長は、おおむね次のような場合に判断に迷った際には、事務局と適宜相談することが望ましいです。遠慮することなく事務局と相談していただいて結構です。

（事務局によるサポートの内容）
　・質問内容が分からない場合の確認
　・答弁役員に誰を指名するかの相談
　・答弁内容の相談
　・動議の処理の相談
　・質疑打ち切りの相談
　・その他困ったときの相談

---

4. 好印象を与える役員答弁の仕方とその準備

(1) 説明すべき事項と言ってはいけない事項

ア　説明義務の範囲

　取締役および監査役は、決議事項および報告事項について株主から説明を求められた場合、一定の範囲で説明を行う義務が認められます。前述のとおり、説明義務違反は株主総会の決議取消事由となります。これは、取締役から説明がない場合には、株主が報告事項を理解し、決議事項を判断するのに必要な情報が十分に提供されないことになり、株主による実質的な審議の機会を奪うことになるからです。

　そこで、まず、取締役および監査役がいかなる範囲で説明義務を負うのかについて解説します。

（ア）　報告事項の説明義務の範囲

　株主総会での報告事項は、取締役が会社の一年間の業績はどうだったか、経営状況や財産状況がどういう状態なのかを株主に報告することです。

　そして、会社の業績や財産状況などは、事業報告や計算書類に基づいて報告されます。したがって、取締役は、株主が事業報告や計算書類の内容をしっかり理解できるために必要な情報を説明する義務があります。具体的には、取締役は、計算書類等（貸借対照表、損益計算書、株主資本等変動計算書、個別注記表及び事業報告）並びに、それらの付属明細書の記載事項の範囲で説明義務を負うものと解されています。

　説明の程度も平均的な株主が理解できる程度の説明が必要となります。ここで注意が必要なのは、経営陣と株主の知識の違いを理解して、株主の知識や情報量を基準として、基本的なところから、専門用語は極力使わずに一般の株主が理解しやすい言葉で説明することが大切だ、ということです。

　なお、報告事項の説明義務を怠った場合でも、決議事項と関係がない場合には決議取消事由にはなりません。しかし、会社の業績などの報告事項は取締役の資質や適性に関わる事項を多く含んでいるため、取締役の選任議案の説明義務の範囲と重なることが多くあります。そのため、報告事項の説明を怠った場合には、取締役の選任議案の決議の取消事由になる恐れがあるので注意が必要です。

（イ）　決議事項の説明義務の範囲

　株主が議案について適切に賛否の判断を行うためには、その議案に関する必要な情報が株主に提供されている必要があります。その議案に関する必要な情報を記載した書面が株主総会参考書類です。株主総会参考書類は、総会に出席しない事前投票を行う株主のために、議案の賛否を判断するのに必要な情報を記載した書面です。したがって、取締役は、

株主総会参考書類に記載すべき事項については、説明義務を負うものと解されています。

（ウ）監査役の説明義務の範囲

監査役は、株主総会で監査報告を行い、また決議事項に関して法令・定款違反または著しく不当な内容であった場合に報告する義務が認められています。したがって、監査役は、監査報告の内容を基本として、その内容を敷衍する程度について説明義務を負うものと解されています。具体的には、監査報告の記載事項および違法と指摘された事項について説明義務を負うことになります。

イ　法令上説明義務がない事項

他方、法令上、次の場合には説明義務はないものとされています。

（説明義務がない場合）

①会議の目的たる事項に関しない場合

②説明をすることにより株主の共同の利益を著しく害するとき

③説明をするため調査を要する場合（ただし事前質問状を通知されていた場合や調査が著しく容易である場合は除く）

④説明することにより会社その他の者の権利を侵害する場合

⑤実質的に同一の事項について繰り返して説明を求める場合

⑥その他、説明をしないことにつき正当な理由がある場合

若干補足します。

まず、②の「共同の利益を害する」とは、典型的には、企業秘密のように開示することによって企業の利益が害されるような場合です。

次に③は、細かい財務数値を聞かれた場合など、調査が通常必要となる事項については説明しなくてもよいとされています。ただし、相当の期間前に株主から事前質問状が来ている場合は、この調査が必要という

理由で説明を拒否することができなくなります。会社としては事前質問状が届いた場合は、総会当日に質問がなされることを想定して想定問答を作成しておく必要があります。なお、この事前質問状が届いても、総会当日に株主が実際に質問しない限り回答しなくても問題ありません。事前質問状が届いた場合に、質疑応答の前に、改めて質問を待つことなく事前質問について回答する方法（一括回答方式）を採ることも認められています。

　また④の「他の者の権利を侵害する」とは、プライバシー侵害や名誉毀損の場合などです。

(2)　株主から信任を得るための答弁スタンス

ア　株主の知りたい事項を積極的に説明する

　もっとも、最近の役員答弁のスタンスとしては、説明義務の範囲の範囲か否かを細かく詰めるよりも、説明してはいけない事項を除き、基本的には株主の質問には全て積極的に回答・説明するというスタンスが望ましいです。

　これは、役員の答弁が充実していればいるほど、株主に十分な情報を提供して審議を実質化することができることはもちろん、株主から高い信任を獲得できること、会社のレピュテーションアップにつながること、株主総会がIR活動の場としての効果を発揮することなどの効果があるからです。

　また、このような姿勢で臨むことは、株主の審議に必要な情報が株主に提供されるため、説明義務違反を回避するうえでも重要です。

　このような考えに従えば、議長や答弁担当役員は、「説明してはいけない事項」だけを把握しておけば足り、上述の「説明義務がない事項」は覚えなくてもよいことになります。

「説明してはいけない事項」とは次の事項です。

　　①企業秘密

　　②個人情報

　　③インサイダー情報

　　④フェア・ディスクロージャー・ルールの対象となる情報

　上記のうち③未公表のインサイダー情報となる重要事実は法律に細かく定められており、その詳細な解説は控えますが、たとえば、増配、合併等の組織再編、業績予想も重要事実に当たる可能性があります。

　これらの事実が決定していなくても、検討している段階で「検討しています。」と回答することも重要事実に当たる可能性があるため、言わないように気を付ける必要があります。

　なお、④については「コラム3」をご覧ください。

　株主から説明してはいけない事項に関する質問がなされた場合には、回答してはなりません。そこでこの場合、「企業秘密（インサイダー情報）に該当しますので説明を差し控えさせていただきます。」と一言添えたり、説明できる範囲で説明するなどの姿勢を見せると、株主も納得することが多いです。

イ　聞かれたことに対して正面から簡潔に回答する

　株主の質問に対して、真摯な姿勢で回答するとは、株主の質問に正面から答えるということです。

　そこで、一般的な株主の目線に立って何を知りたいのか質問の意図を推測して、それに対して端的に回答することが重要です。理想的な回答は、まず結論を端的に述べて、その理由や関連情報を株主が納得する程度に簡潔に説明することです。

　そのために想定問答を準備しておくことは非常に有用ですが、想定問答をそのまま朗読するのは控えた方がよいと思われます。なぜなら、株主の質問の主旨と回答案がずれている可能性もありますし、読んでいる

ことが丸わかりなので株主からの印象もよくありません。何より説明に説得力を持ちません。特に、株主に納得してもらう必要がある場合こそ、株主を説得するため、想定問答を参考にしつつ、自分の言葉で話すべきです。

　また、株主の質問の意図に沿った回答になっているか不安がある場合には、議長が回答を補足したり、また適宜「株主様のご質問に対して、今の回答でご理解いただけましたでしょうか？」と確認してあげると親切です。

　国会答弁を見ると、野党からの質問に対して正面から答えず、肩透かしの回答や木で鼻をくくったような回答、長々説明して核心をうやむやにする回答、同じ説明を何度も行うといった光景が見られることがあります。このような回答では株主は納得しませんし、逆に不信感が募ってしまいます。国会の質問は責任追及する目的や意図的に不適切な発言を引き出す目的でなされることがあるのでやむを得ない場合もありますが、近年の株主総会の質問は、株主が純粋に知りたいことを教えて欲しいから質問するということがほとんどですので、答弁役員としては、正面から簡潔に回答することが重要です。

ウ　分かりやすい言葉を用いる

　経営陣は会社や業界に精通しており、専門用語も日常的に使用しています。そのため一般株主との間の知識格差や情報格差がありますが、その格差は想像よりはるかに大きいものです。

　よって、株主総会の回答では、一般株主の知識や情報を基準にして説明を行うよう配慮することが大切です。特に業界の専門用語や略語などは避けるべきです。中学生が理解できる程度に分かりやすい言葉を用いて説明するぐらいがちょうどよいです。言葉では説明が難しい場合は、事業報告の際のスライドを利用したり、回答用に作成したスライドを用いるのも良いでしょう。

コラム 3 フェア・ディスクロージャー・ルールについて

（1）制度の概要

　平成29年5月17日、「金融商品取引法の一部を改正する法律」が可決、成立し、同24日に公布されています。同法には、フェア・ディスクロージャー・ルールの導入が盛り込まれており、平成30年4月1日から既に施行されています。

　フェア・ディスクロージャー・ルールの趣旨・意義に関しては、金融庁総務企画局から平成30年2月6日付の「金融商品取引法第27条の36の規定に関する留意事項について（フェア・ディスクロージャー・ルールガイドライン）」[46] において、以下のとおり示されています。

　「法第27条の36の規定（いわゆるフェア・ディスクロージャー・ルール。以下「本ルール」といいます。）は、投資者に対する公平な情報開示を確保するために導入されたものです。また、本ルールの導入により、発行者側の情報開示ルールが整備・明確化されることで、発行者による早期の情報開示、ひいては投資家との対話が促進されるといった積極的意義があるとされています。本ルールの適用を受ける上場会社等におかれましては、本ルールの趣旨・意義を踏まえ、積極的に情報開示を行うことが期待されています。」

　フェア・ディスクロージャー・ルールは、上場会社等の役員等が、一定の取引関係者に対して、重要情報を、その業務に関して伝達する場合には、当該上場会社等は、原則として、伝達と同時又は伝達

46　金融庁総務企画局「金融商品取引法第27条の36の規定に関する留意事項について（フェア・ディスクロージャー・ルールガイドライン）
　　https://www.fsa.go.jp/news/29/syouken/20180206-2.pdf

があったことを知った後速やかに、当該重要情報を公表しなければ
ならないとする規制です。詳細な解説は他紙に譲りますが、フェア・
ディスクロージャー・ルールは株主総会の実務においても後述のと
おり一定の影響があると考えられるためご留意ください。

（2）株主総会との関係

　株主総会とフェア・ディスクロージャー・ルールとの関係につい
て、平成30年2月6日付で公表された金融庁の「コメントの概
要及びコメントに対する金融庁の考え方」質疑26[47]において、以
下のとおり金融庁の考え方が示されています。

（コメントの概要）

　「株主総会で重要情報を伝達してしまった場合、株主総会は「広
報に係る業務」には該当せず、フェア・ディスクロージャー・ルー
ルの適用外の場面ともなってしまうと考えられる。ガイドライ
ンにおいて、株主総会の場面であってもフェア・ディスクロー
ジャー・ルールの対象外となるものではなく、フェア・ディス
クロージャー・ルールの趣旨を踏まえて適切な対応が望まれる、
などの考え方を示すべきではないか。」

（金融庁の考え方）

　「株主総会において、広報に係る業務として情報が提供される
際に、当該情報が（a）未公表の確定的な情報であって、（b）公
表されれば有価証券の価額に重要な影響を及ぼす蓋然性がある
情報である場合には、フェア・ディスクロージャー・ルールの
対象になるものと考えられます。」

47　金融庁ウェブサイト
　　https://www.fsa.go.jp/news/29/syouken/20180206-1.pdf

上記のとおり、株主総会において株主に対して会社が情報伝達する場合、当該情報伝達が「投資者に対する広報に係る業務」に関して行われる場合にフェア・ディスクロージャー・ルールの対象になると考えられます。この点、「株主総会の開催・運営は会社法上の義務であり、「投資者に対する広報に係る業務」とは異なるとの解釈もあり得ないわけではないとしつつ、実務上株主総会での説明・回答はすべてフェア・ディスクロージャー・ルールの対象との前提で臨むべき」との見解があります（吉川純「フェア・ディスクロージャー・ルールに関する実務対応」資料版商事法務410号（2018）40頁）。

　結論としては、株主総会の説明・回答もフェア・ディスクロージャー・ルールの対象となることを念頭に、株主総会の回答方針および想定問答案の見直しを行い、総会実施と同時に株主総会で用いる説明資料を自社ウェブサイトに掲載するなどの対応が必要となるでしょう。

　なお、株主総会の実務の観点から言えば、フェア・ディスクロージャー・ルールの範囲内で、サービス精神にあふれた答弁がどこまでできるのか、また、どこまで話した場合はウェブサイト掲載とするのか、法的観点を踏まえて事前に整理し、リハーサルにも反映させるのが安全策と思われます。

⑶　答弁時の注意事項

　役員は、株主の質問をしっかり聞いてメモをとります（自分の担当ではない質問でも、指名される可能性があるので気を抜かない）。議長から指名された場合には、答弁席がある場合には答弁席に移動します。その際、事務局から想定問答を受け取ったり、回答内容について相談する

ことも可能です。相談に時間がかかりそうな場合は、「しばらくお待ちください。」と一言断りを入れると良いです。

　答弁の冒頭では、「ただいまの〇様のご質問に対して、担当役員の〇が回答いたします。」と述べ、答弁の最後に、「以上、回答いたしました。」や「以上です。」と締めます。

　答弁において、調べないと分からない事項を聞かれた場合に、「後日調べて回答します。」など、宿題を作らないことが株主総会の鉄則です。その場合には「調査が必要となるため回答は差し控えさせていただきます。」と言うことで足ります。

　回答内容に誤りがあった場合、それが説明義務のある質問の場合には、放置すれば説明義務違反になる可能性があります（もっとも決議の取消となることはほとんどないと思われます）。答弁中に気づいた際には訂正し、答弁後に気づいた場合は、事務局にメモを入れて、後ほど議長から再度指名してもらえば足ります。

　答弁が終了したら、自席に戻ります。株主から続けざまに質問が来ても、基本的には取り合わずに席に戻ります。議長が当該株主の質問を受け付けるか判断し、議長から再指名があれば再び答弁席に着くという流れが望ましいです。株主と議論になることを防ぐためです。

5. 株主総会後の対応

(1) 議事録の作成

　株主総会の議事については、書面または電磁的記録をもって議事録を作成することが義務付けられています。議事録の作成時期については、

特に規定されていませんが、株主総会終結後遅滞なく作成するべきです。

(2) 相当数の反対票が投じられた場合の分析

　金商法において、議決権行使の結果を開示することが義務付けられています。さらに、CG コードでは、可決に至った会社提案議案であっても、相当数の反対票が集まった場合には、反対の理由や原因を分析して対応の要否について検討すべきとされています（CG コード補充原則 1-1 ①）。

　「相当数の反対票」とはどの程度の反対票をさすのか、また「株主との対話その他の対応の要否」の内容は各社で設定することになるため、あらかじめ内規で設定して置くことが望ましいです。

　反対の理由や原因の分析については株主総会終了後速やかに行うべきです。たとえば株主総会直後の取締役会（事前に相当数の反対票が集まることが見込まれている場合には株主総会前の取締役会）で議論を行っておくことが望ましいと思われます。

第3章

招集通知を
"投資家目線"でひと工夫

　前章でも触れたとおり、近年、株主による議決権行使は厳格化しており、会社提案議案の賛成率は、年々低下している状況にあります。

　したがって、この議案の賛成率、特に役員選任議案のそれをいかに上げて行くかが、株主総会に関する経営者の関心事項となっています。

　そこで本章では、投資家・株主からの信任を獲得し、議案の賛成率を高める観点から何をすべきかを、招集通知を通じた情報提供の観点から検討したいと思います。

1. 議案の賛成率と招集通知

　株主による議決権行使の方法には、大きく分けると、株主が株主総会の会場に足を運んで議決権を行使する方法と、株主総会には出席せず、あらかじめ議決権行使書面を会社に送ってする方法（いわゆる書面投票）の二つがあります。

　そして実際には、多くの株主が書面投票を利用しており、特に、外国人投資家や機関投資家のほとんどは、この方法を利用していると考えられます。

　株主のなかでも、特に厳格な議決権行使をすることで知られているのが外国人投資家と機関投資家です。この両者が書面投票をするのですから、議案の賛成率を底上げするためには、書面投票に対する働きかけが大切であることが分かります。

　そこで次に、この書面投票を行う株主達が、どのような情報に基づいて議案の賛否を決めているのかを知る必要があります。数ある会社の情報源の中で「株主総会に際し、何が一番参照されているか」です。

　その候補となる情報源は以下のとおりです。

　①株主総会招集通知（広義）[48]
　②有価証券報告書
　③コーポレートガバナンス報告書
　④統合報告書等の自主開示資料

48　招集通知の意味と内容については、第2章2(4)参照。

106

まず、②の有価証券報告書には、会社の財務に関する情報が最も詳しく掲載されます。しかも、社外役員、役員報酬、株式保有状況などの「コーポレートガバナンスの状況」も記載されるため、情報の充実度は高いといえます（なお、有価証券報告書記載事項の改正の動きについては「コラム4」をご覧ください。）。

ただ、実務上、有価証券報告書の開示は定時株主総会終了後とならざるを得ない場合が多く、したがって、書面投票の情報源とするにはやや難点があります。

③のコーポレートガバナンス報告書は、ガバナンス情報は充実していますが、財務に関する情報が含まれません。また、こちらも開示のタイミングが定時株主総会の後であるという難点があります。

④の統合報告書とは、会社が、投資家の意思決定に資するため任意に作成・開示している資料です。情報内容も非常に充実しています。ただ、その作成には相応のコストがかかるため、すべての上場企業が採用するのは難しいように思われ、また、招集通知と異なり株主の手許に直接届くわけではありません。

以上のとおり、いずれも、情報の内容は充実しているものの、書面投票の情報源として利用されるには限界があります。

結局、株主総会に先立つタイミングで株主の手許に直接届く株主総会招集通知が、書面投票を行うに際して、最もよく参照されていると考えられます。

以上のとおり、今日、上場会社の議決権行使のほとんどは書面投票で決まっているところ、その書面投票に際して最もよく参照されているのが招集通知です。したがって、議案の賛成率の向上を目指すなら、招集通知の記載を充実させることが大切なのです。

コラム 4 「企業内容等の開示に関する内閣府令」の改正案について

　平成 30 年 6 月に公表された金融庁の金融審議会ディスクロージャーワーキング・グループ報告において、「財務情報及び記述情報の充実」、「建設的な対話の促進に向けた情報の提供」、「情報の信頼性・適時性の確保に向けた取組」に向けて、適切な制度整備を行うべきとの提言がなされました。当該提言を踏まえ、有価証券報告書等の記載事項について、以下の内容が議論されており、平成 30 年 11 月 2 日付で企業内容等の開示に関する内閣府令の改正案が公表されています[49]。

（1）財務情報及び記述情報の充実

✓ 経営方針・経営戦略等について、市場の状況、競争優位性、主要製品・サービス、顧客基盤等に関する経営者の認識の説明を含めた記載義務。

✓ 事業等のリスクについて、顕在化する可能性の程度や時期、リスクの事業へ与える影響の内容、リスクへの対応策の説明義務化。

✓ 会計上の見積りや見積りに用いた仮定について、不確実性の内容やその変動により経営成績に生じる影響等に関する経営者の認識の記載義務。

（2）建設的な対話の促進に向けた情報の提供

✓ 役員の報酬について、報酬プログラムの説明（業績連動報酬に関する情報や役職ごとの方針等）、プログラムに基づく報酬実績等の記載義務。

49　金融庁「企業内容等の開示に関する内閣府令」の改正案の公表について
https://www.fsa.go.jp/news/30/sonota/20181102_2.html

第3章●招集通知を"投資家目線"でひと工夫

> ✓ 政策保有株式について、保有の合理性の検証方法等について
>   開示が求められるとともに、個別開示の対象となる銘柄数を
>   現状の30銘柄から60銘柄に拡大。
> (3) 情報の信頼性・適時性の確保に向けた取組
> ✓ 監査役会等の活動状況、監査法人による継続監査期間、ネッ
>   トワークファームに対する監査報酬等の開示義務。
>
> 　なお、施行・適用については、上記（2）の項目については、平
> 成31年3月31日以後に終了する事業年度に係る有価証券報告書
> 等（平成31年3月期決算）から適用され、それ以外については平
> 成32年3月31日以後に終了する事業年度に係る有価証券報告書
> 等から適用される方向で案が示されています。最終的な結論につい
> ては金融庁のウェブサイトをご確認ください。

2. 投資家目線に立って招集通知に追加したい事項

　ところが、投資家の目線に立って考えると、この招集通知にも問題が
あります。それは「情報の中身」です。

　たとえば、投資家は、会社の過去の業績よりむしろ、会社の未来予想
図（経営計画など）に強い関心があるはずです。

　ところが、招集通知（広義）に記載される情報は、基本的に過去の情
報ばかりです。その唯一の例外として、事業報告に含まれる「対処すべ
き課題」という項目がありますが、これには文字通り、会社が対処すべ
きと考える「課題」を記載することでも足りるため、会社の未来予想図

109

を理解するには不十分な内容となっています[50]。

このように、投資家目線に照らすと、招集通知の法定記載事項は不十分と言わざるを得ないため、不足する情報を書き加えることが必要となります。

そこで、何を加えるべきかが次の問題となるのですが、この点を検討するには、CGコードが参考になります。

同コードには、会社の持続的な成長と中長期的な企業価値の向上に資する事項が列挙されており、投資家も同コードの遵守状況に注目しているとされているからです[51]。

もっとも、同コードの列挙事項は非常に多岐にわたるため、その全てを招集通知に盛り込むことは非現実的です。したがって、特に重要な事項を絞り込む必要があります。

そのためにまず、平成30年3月に金融庁が設置したフォローアップ会議[52]の公表した、「投資家と企業の対話ガイドライン」（以下、「対話ガイドライン」といいます。）に着目します。

対話ガイドラインは、CGコードなどが求める事項のうち、「持続的な成長と中長期的な企業価値の向上に向けた機関投資家と企業の対話において、重点的に議論することが期待される事項」をピックアップして構成されたものです。

したがって、CGコードの列挙事項のうち、対話ガイドラインに取り上げた事項は基本的に優先度が高いと考えられるからです。

50　立法当時、この「対処すべき課題」の開示が求められた趣旨としては、会社の将来についての経営者の見通しは株主にとって最も関心のある情報であるが、このような情報の開示には、企業秘密の観点などから、困難が伴うと指摘され、「対処すべき課題」に限って事業報告の対象とされた、と説明されています。稲葉威雄『改正会社法』304頁（金融財政事情研究会、1982年）。このような説明からは、昭和56年当時の理解としては、経営計画などの将来情報が企業秘密に当たり得るという認識が持たれていたことが窺われます。
51　第1章対談34頁（木村発言）参照。
52　スチュワードシップ・コード及びコーポレートガバナンス・コードのフォローアップ会議

また、投資家目線で重要な情報の範囲を探るうえでは、各機関投資家が公表している議決権行使基準、とりわけ、社内取締役選任議案に関する基準を参照することも有益なはずです。図表3-1は、国内の主な機関投資家の社内取締役選任議案に関する議決権行使基準を要約したものです。

図表3-1 機関投資家の議決権行使基準（社内取締役選任議案）

【社内取締役選任議案の主な反対基準】

1. 業績関連の基準
   - 連続して赤字決算
   - 連続 ROE5％割れ等
2. ガバナンス関連の基準
   - 社外取締役が○名以上選任されていない
   - 取締役の人数が○名を超える等
   - 重要不祥事の発生

そこで、上述の対話ガイドライン、およびこの議決権行使基準を参考に、CGコード列挙事項のうち、招集通知に是非追加すべき事項を絞り込むこととしました。

まず、同コード列挙事項のうち、対話ガイドラインによって強調されていると考えられるものには「○」を付けました。

さらに、○が付いた項目のうち、議決権行使基準の趣旨に照らしても重要と思われるものは「◎」としました[53]。

53　なお、議決権行使基準の趣旨を読み解くに際しては、ROE 関連基準（連続 ROE5％割れ等）は、資本効率性が重視されていることの表れと解されるため、これと密接に関連する「資本コストを踏まえた経営戦略・経営計画」や「資本政策」に関する原則を重要なものと判断しました。経営戦略・経営計画は、経営理念を基盤として策定されるべきものゆえ、「経営理念」も重要項目に含まれるものと整理しました。また、社外取締役の員数や取締役の総数に関する基準は、要するに、独立性の高い取締役の割合を含めた取締役会の構成の妥当性が問われているものと理解して、重要性の判断に用いました。

以上による、CGコード列挙事項のウェイト付けの結果は図表3-2のとおりです。

図表3-2　CGコードのウェイト付け結果

第1章 株主の権利・平等性の確保

　【原則1-1．株主の権利の確保】

　【原則1-2．株主総会における権利行使】

◎【原則1-3．資本政策の基本的な方針】

○【原則1-4．政策保有株式】

　【原則1-5．いわゆる買収防衛策】

　【原則1-6．株主の利益を害する可能性のある資本政策】

　【原則1-7．関連当事者間の取引】

第2章 株主以外のステークホルダーとの適切な協働

◎【原則2-1．中長期的な企業価値向上の基礎となる経営理念の策定】

　【原則2-2．会社の行動準則の策定・実践】

　【原則2-3．社会・環境問題をはじめとするサステナビリティーを巡る課題】

　【原則2-4．女性の活躍促進を含む社内の多様性の確保】

　【原則2-5．内部通報】

○【原則2-6．企業年金のアセットオーナーとしての機能発揮】

第3章 適切な情報開示と透明性の確保

　【原則3-1．情報開示の充実】

　【原則3-2．外部会計監査人】

第4章 取締役会等の責務

　【原則4-1．取締役会の役割・責務(1)】

　※経営理念等の確立と具体的経営戦略や計画等の建設的な議論等

○【原則4-2．取締役会の役割・責務(2)】

　※経営陣幹部による適切なリスクテイクを支える環境整備等

◎【原則4-3．取締役会の役割・責務(3)】

　※適切な会社業績等評価と経営陣幹部人事への反映等

112

○ 【原則 4-4. 監査役及び監査役会の役割・責務】

　【原則 4-5. 取締役・監査役等の受託者責任】

　【原則 4-6. 経営の監督と執行】

○ 【原則 4-7. 独立社外取締役の役割・責務】

◎ 【原則 4-8. 独立社外取締役の有効な活用】

◎ 【原則 4-9. 独立社外取締役の独立性判断基準及び資質】

○ 【原則 4-10. 任意の仕組みの活用】

◎ 【原則 4-11. 取締役会・監査役会の実効性確保のための前提条件】

　【原則 4-12. 取締役会における審議の活性化】

　【原則 4-13. 情報入手と支援体制】

　【原則 4-14. 取締役・監査役のトレーニング】

第 5 章 株主との対話

　【原則 5-1. 株主との建設的な対話に関する方針】

◎ 【原則 5-2. 経営戦略や経営計画の策定・公表】

　以上のうち、特に重要とした項目（◎のもの）については、3以下で
その具体的な内容と招集通知への記載例を述べることにします。

3. ぜひ追加したい事項の内容と記載例

(1) 経営理念

ア　CG コードの概要

　CG コード原則 2-1 は、上場会社に対して、

　　①自らが担う社会的な責任についての考え方を踏まえ、様々なス
　テークホルダーへの価値創造に配慮した経営を行いつつ中長期的な
　企業価値向上を図るべきこと、および、

　　②こうした活動の基礎となる経営理念を策定すべきこと

113

を求めています。また「会社の目指すところ（経営理念等）」について、取締役会がこれを確立すること（原則4-1）、そして上場会社は主体的にこれを情報発信すること（原則3-1（ⅰ））が求められています。

経営理念は、会社の価値観を定めるとともに事業活動の大きな方向性を定め、具体的な経営戦略・経営計画や会社のさまざまな活動の基本となるものです[54]。

会社によって、経営理念のほか、社訓、社是、あるいは〜way など様々な呼称があるようですが、多くの会社がCGコード云々にかかわらず自ら定めている場合がほとんどと思われます。

イ　経営理念の重要性

経営理念は、企業の羅針盤ともいうべき社会的責任を明らかにするものであり、中長期的成長の源泉にもなり得るものです。そのため、株主を含むステークホルダーにとっては重要な非財務情報の一つであり、会社がさまざまなステークホルダーに配慮しつつどのように中長期的な企業価値向上を図ってゆくのかを理解するための重要情報になり得るものと考えられます[55]。

ウ　招集通知への記載方法

経営理念は、各社のウェブページで開示したうえ、これをコーポレートガバナンス報告書で参照する場合が多いようです。

経営理念は、会社が発するあらゆる情報の根底をなすものですから、これを招集通知に記載するとすれば、冒頭に掲載するのが自然であると思われます。以下にその例を掲げます。

54　油布ほか「CGコード原案の解説〔Ⅱ〕」55頁
55　油布ほか「CGコード原案の解説〔Ⅱ〕」55頁

第3章 ● 招集通知を"投資家目線"でひと工夫

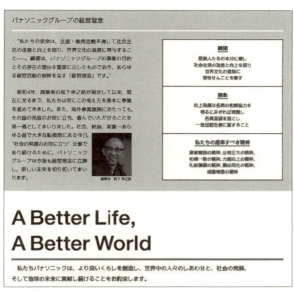

(パナソニック株式会社第111回定時株主総会招集通知1頁より)

(ピジョン株式会社第61期定時株主総会招集通知1頁より)

115

(2) 資本コストを踏まえた経営戦略・経営計画

ア　CG コードの概要

　CG コード原則 5-2 は、上場会社に対して、経営戦略や経営計画の策定・公表に当たり、

　　①自社の資本コストを的確に把握した上で

　　②収益計画や資本政策の基本的な方針を示し

　　③収益力・資本効率等に関する目標を提示し

　　④目標実現のために、事業ポートフォリオの見直しや、設備投資・研究開発投資・人材投資等を含む経営資源の配分等に関し具体的に何を実行するのかについて、株主に分かりやすい言葉・論理で明確に説明を行うこと

　を求めています。①は 2018 年改訂で新しく加筆された事項であり、自社の資本コストを踏まえた経営戦略・経営計画の策定を要求しています。

　また、このようにして策定された経営戦略・経営計画につき、上場会社は主体的にこれを情報発信することが求められています（原則 3-1（ⅰ））。

　「資本コスト」とは、資本を提供する投資家の期待を満たすべく、会社がその保有資産を活用して稼がなければならない最低限の収益率のことをいいます。[56]

56　ロバート・C・ヒギンズ（グロービス経営大学院訳）『ファイナンシャル・マネジメント（改訂3 版）』371 頁（ダイヤモンド社、2015 年）。

第3章●招集通知を"投資家目線"でひと工夫

　一般には、資本コストというと、株主資本に着目した株主資本コスト[57]の意味である場合と、これに負債コストを加味した加重平均資本コスト（WACC。「ワック」と読む。）を意味する場合があります。

　そして、この「資本コストを踏まえて策定される経営戦略や経営計画」とは、端的にいえば、自社の資本コストを推計したうえで、少なくともこれを賄える収益を達成できる内容の戦略・計画であると解されます。資本コストには二つの意味がありましたので、具体的には、以下のいずれかの要件を満たす戦略・計画である必要があります。

　　　株主資本コスト　　＜　ROE[58]
　　　WACC　　　　　　＜　ROIC（又はROA）[59]

　ただし、CGコードは自社の資本コストそのものの開示までは要求していません（もちろん任意に開示することは可能です。）。

57　株主資本コストは、いわゆるCAPMの理論に従って以下の算式で算定するのが一般的です。
「株主資本コスト＝リスクフリーレート＋β（マーケットリスクプレミアム）」
　　ここに、「リスクフリーレート」とは、文字通りリスク（不確実性）がない投資の収益率で、長期国債のレートを使用するのが一般的です（ただ、ゼロ金利下の影響を緩和させる観点から、あえて残存期間20年の国債の利回り（0.6％くらい）を使用したりします。）。「マーケットリスクプレミアム」は、市場に参加する全投資家が、マーケット全体に対してどのようなリターンを期待しているかを数値化したものが本来です。現実には、東証一部上場企業のTOPIX（＝過去の情報）を代替指数として使用します（今ですと大体5～6％くらい。）。「β（ベータ値）」とは、マーケットリスクプレミアムに対する個々の企業のリスクの感応度のようなもので、たとえば、収益が安定してリスクの小さい会社だとβは1より小さく、逆にリスクが大きい場合は1より大きくなります。各社の過去の株価等のデータから算定できますが、ブルームバーグのウェブサイト等から自社のβ情報を有料で取得している会社が多いと思います。

58　ROE（Return on Equity：自己資本利益率）とは、「利益÷株主資本（純資産額）」の値です。「利益」には、会計上の当期純利益（連結会計では、親会社株主に帰属する当期純利益のこと）を用いる例が多いようです。また、株主は、時価で株式に投資するので、当該投資に対する効率性を図る上では、株主資本（純資産額）は時価ベースを採用するのが理論的ですが、有価証券報告書に記載のROEは簿価ベースなので注意が必要です。

59　ROIC（Return On Invested Capital：投下資本利益率）とは、「利益÷投下資本（有利子負債＋株主資本）の時価」の値です。「利益」には、会計上の営業利益に受取利息や配当金などの金融収益を加算したもの（事業利益）を使用するのが理論的です。現実には税引後営業利益を使用する場合も多いようです。

117

したがって、実際に開示される中期経営計画などでは、資本コストは明示せず、ROE や ROIC による目標数値を開示することもあり得ます。

イ　資本コスト経営の重要性

2018 年の CG コード改訂を受け、資本コストを意識した経営の重要性は徐々に浸透しているようですが、中堅・新興の上場会社では、自社の資本コストを意識していない例がまだ多いようです。

しかし、経営者が、自社の資本コストをどの程度と考え、どのような目標値を設定しているかを明らかにしないと、投資家は積極的に投資すべきという判断ができません。また、資本コストは、経営戦略・経営計画にも大きな影響を与えます。

ほかにも、資本コストを踏まえた経営戦略・経営計画を策定することには以下のとおり様々なメリットがあります。

① 会社の成長を加速させる

資本コスト（株主資本コスト）は、投資家の期待する収益率のことです。投資家は、この期待を裏切られると株を手放すため、株価が下がります。逆に、期待を上回る経営を続けると、株価、ひいては時価総額が上がり続けます。

つまり、資本コストを踏まえた経営を実践することは、上場会社としての成長を加速するための正攻法であるといえるのです。

たとえば、わずか 10 年で時価総額を約 350 億円から 5000 億円に成長させたピジョン株式会社は、10 年前から社長自らが資本コストを意識した経営を牽引してきました[60]。

参考情報として、同社が 2008 年 3 月に公表した第三次中期経営計画の一部を以下に掲載します。

60　第 1 章 8 頁（木村発言）参照。

第3章●招集通知を"投資家目線"でひと工夫

まだCGコードも何もなかった10年以上前に作成・開示されたものですが、経営目標としてROAやROEが具体的数値として明記されていることが分かります[61]。

Ⅴ.定量目標　①経営目標

単位：億円	08・1期 (実績)	09・1期 (計画)	10・1期 (計画)	11・1期 (計画)	伸び率 (対08・1期)
売上高	492	529	567	640	30.0%
売上総利益	186	199	218	247	32.8%
営業利益	31	34	43	58	81.7%
経常利益	31	34	41	56	76.2%
当期純利益	14	20	24	33	124.3%
ＥＰＳ（円）	73	100	123	165	
総利益率	37.9%	37.7%	38.5%	38.7%	
営業利益率	6.5%	6.6%	7.7%	9.1%	
経常利益率	6.5%	6.4%	7.3%	8.8%	
純利益率	3.0%	3.8%	4.3%	5.2%	
ＲＯＡ	8.7%	8.9%	10.2%	12.8%	
ＲＯＥ	6.4%	8.3%	9.5%	12.0%	

※ＥＰＳの株式数は潜在株式調整前
※ＲＯＡは総資産経常利益率，ＲＯＥは自己資本当期純利益率で，分母は期首・期末平均　　（いずれも想定）

（ビジョン株式会社第三次中期経営計画（2008年3月11日）より抜粋）

② 投資家に高く支持される

投資家が資本市場に参加するのは、それによりリターン（配当＋キャピタルゲイン）を得るためです。資本コストを踏まえた経営目標を掲げることは、いわば、投資家の満足そのものを目指した経営をすることです。これが、投資家の支持を得る有効な手段であることはいうまでもありません。

③ 取締役選任議案の賛成率にも影響し得る

上記②で述べたことの当然の帰結ともいえますが、投資家（株主）は、高いリターンを稼いでくれる経営者を取締役に選定したいと考えます。

したがって、資本コストを意識した経営により低ROEを回避するこ

61　ちなみに、同社の最新の経営計画（2017年3月公表の第6次中期経営計画）では、同社の資本コスト（WACCで5%）も開示されています。

119

とは、役員選任議案の賛成率を低下させないという観点からも大きな意味があると考えられます。

④　アクティビストに対する防衛策となり得る

　「アクティビスト」という言葉は多義的ですが、ここでは、ターゲット会社の株式数％を取得したうえ、メディアも活用して様々な要望を経営陣につきつけ、最終的には高配当や自己株買いを実施させて利益を稼ぐタイプのファンドを指すものとします。

　彼らは、ファイナンス理論も駆使して「貴社の配当性向は低すぎるからもっと配当せよ。」などと要求します。これに対しては「当社は高い成長を期待できる事業投資をしているから（準備しているから）、今は配当より投資が重要だ。」といった正当な反論があり得るのですが、普段から資本コストを意識した経営をしていない会社がそのような主張をしても、あまり迫力がでません。

　また、アクティビストに狙われやすいのは、低PBRで放置されていたり、合理的な説明が困難な現預金を貯めこんでいたりするうえ、時価総額も大きくない、といった特徴を備えた会社です。

　ところが、普段から資本コストを意識した経営をしていれば、そもそも、このような状態に陥ること自体が考え難いのです。

　したがって、資本コストを踏まえた経営を実践することは、アクティビストを寄せ付けないための防御策としても有効と考えられます。

　以上のとおりですので、資本コストを踏まえた経営戦略・経営計画の策定は、「投資家目線の経営」を実践する上で、極めて重要なものであり、むしろ、これから大きく成長することを目指す中堅・新興の上場会社こそ、取り組むべき課題であるといえます。

ウ　招集通知への記載方法

　　経営戦略・経営計画に関しては、いわゆる中期経営計画を作成した

うえ、これを投資家説明会などで説明し、かつその資料を自社ウェブサイトで開示している会社が多いようです。

　これを招集通知に記載するとすれば、会社の将来の情報である、事業報告の「対処すべき課題」に書き加えるのが自然です。

　そこで以下に、実際の事業報告の記載例を二件掲載します。いずれも対処すべき課題のなかで経営計画に触れ、かつ目標値としてROEやROICを掲げています。

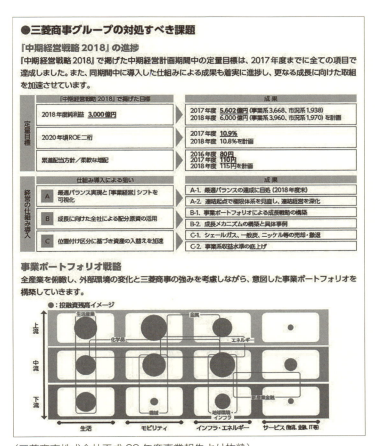

（三菱商事株式会社平成29年度事業報告より抜粋）

(4) 対処すべき課題

　次期のグローバル経済情勢については、引き続き緩やかな景気の回復が続くことが期待されています。ただし、中国をはじめとするアジア新興国の経済の先行き、各国の政策動向に関する不確実性、金融資本市場の変動の影響等に留意が必要です。

　次期は2018年1月より始まる3カ年の第6次中期経営計画の初年度となります。当社グループは当期までに、主力のコンシューマー・エレクトロニクス(IT)市場向けへの製品開発、設備投資により大型受注を獲得したほか、積極的なM&A戦略により自動車市場における事業拠点の拡充、医療機器分野・高機能パッケージ資材分野への新規事業参入を実現するなど、事業ポートフォリオの組み換え・最適化に取り組みました。その結果、現在では国内外の事業拠点は50カ所を超え、海外に勤務する社員の割合は半数を超えるに至りました。2017年10月6日には社名をNISSHA株式会社と制定、当社グループは変化と進化を続ける企業グループであることを宣言し、2018年1月1日には、Nissha Philosophy（企業理念体系）を刷新しました。

　これを引き継ぐ第6次中期経営計画は、IT、自動車、医療機器、高機能パッケージ資材の4市場を重点市場と定め、これまでに獲得・構築した事業基盤を最大限に活用したグローバルベースの成長戦略の実現により、事業ポートフォリオの組み換え・最適化をさらに発展させた「バランス経営の完成」を目指し、売上高・EBITDA*・営業利益のすべてにおいて過去最高を更新するビジョンを掲げます。一方、資本の効率性については資本コストを意識し、引き続きROE、ROICを主要な経営管理指標に採用します。

37

※当社グループではグローバルベースの事業拡大や海外連結子会社の増加などの状況を踏まえ、第6次中期経営計画の運用開始に合わせて新たにEBITDAを主要な収益指標に採用することとしました。EBITDAとは、Earnings Before Interest, Taxes, Depreciation and Amortizationの略で、利払い前・税引き前・償却前利益を指します。

　Nissha Philosophy（企業理念体系）における当社グループのMissionおよび第6次中期経営計画の骨子は以下のとおりです。

- **Mission**
　「私たちは世界に広がる多様な人材能力と情熱を結集し、継続的な技術の創出と経済・社会価値への展開を通じて、人々の豊かな生活を実現します。」

- **中期ビジョン(定性的内容)**
　「バランス経営の完成」
　第6次中期経営計画の定める4つの重点市場(IT、自動車、医療機器、高機能パッケージ資材)の構成が、連結業績における売上高、EBITDA、営業利益のそれぞれにおいて最適に分散している状態を目指す。

- **中期ビジョン(定量的内容)**
　2020年度に目指す主要な連結業績のビジョンは以下のとおりです。

売上高	2,400億円
EBITDA	360億円
EBITDA率	15%
営業利益	220億円
営業利益率	9.2%
ROE	10%以上
ROIC	8%以上
自己資本比率	50%以上

　当社グループでは第6次中期経営計画の完遂に向けて全社一丸となってまい進します。株主のみなさまにおかれましては、今後とも、より一層のご支援をお願い申しあげます。

（NISSHA株式会社『第99期定時株主総会招集ご通知』2017年度事業報告より抜粋）

(3)　資本政策の基本方針

ア　CGコードの概要

　CGコード原則1-3は、上場会社に対し、資本政策の動向が株主の利益に重要な影響を与え得ることを踏まえ、資本政策の基本的な方針について説明を行うことを求めています。

　資本政策の基本方針とは、エクイティ・ファイナンスや自社株買いに

関する実施計画といった個別の資本政策の予定をいうのではなく、そうした個別の資本政策（政策保有株式の縮減方針（原則1-4）を含む）の基礎となるべき、いわば総合的な基本方針のようなものであるとされています[62]。

イ　資本政策の重要性

資本政策は、端的に言えば会社と株主との関係そのものにかかる方針ですから、たとえば株主資本の水準や、配当性向などの方針が含まれます。したがって、これらの情報が投資家にとって重要であることはいうまでもありません。

また、理論上、資本政策の内容は上述の資本コストを踏まえた経営戦略・経営計画とも密接に関連し得るものであるため、これらの情報が相互に整合的に説明されていることも重要と思われます。

ウ　招集通知への記載方法

実務上、資本政策の基本方針は、各社のウェブサイトに掲載することや、中期経営計画に含めて開示・説明する場合などが多いようです。

これを招集通知に記載するとすれば、会社の将来の情報である事業報告の「対処すべき課題」に含めることが考えられます。

以下は、「対処すべき課題」の一項目として資本政策を明記している例です。

62　油布ほか「CGコード原案の解説〔Ⅱ〕」51頁

> **■資本政策と株主還元**
> 　当社グループでは、事業の革新にあわせた最適な資本構成を構築し、安定的にＲＯＩＣ（投下資本利益率）が資本コストを上回る構造の実現をめざしております。
> 　拡大するフィンテックセグメントの営業債権に対しては、コストの低い有利子負債の調達をすすめております。有利子負債は営業債権の９割程度を目安とし、自己資本比率は30％前後とする最適資本構成を設定しております。
> 　一方で、直近の営業債権が計画以上に増加していることから、今後は営業債権の流動化を拡大することで、調達手段の多様化によるリスクの軽減をはかるとともに、総資産と負債の増加を抑制し、資産効率を高めることで、より一層の企業価値の向上をめざしてまいります。
> 　今後の株主還元の方向性につきましては、自己株式の取得から徐々に配当にシフトしてまいります。連結総還元性向は、自己資本比率30％を維持できる水準の70％を目安とした上で、連結配当性向は、55％程度まで段階的に高め、長期・継続的な増配をめざしてまいります。

（株式会社丸井グループ事業報告（2017年４月１日から2018年３月31日まで）より抜粋）

　また、剰余金の配当等を取締役会が決定する旨の定款の定め（会社法459条１項）がある会社では、事業報告に、「剰余金の分配に関する権限の行使に関する方針」を記載することが必要ですが（会社法施行規則126条10号）、この方針に含めて開示することも考えられます。

　反対に、剰余金の配当等を原則どおり株主総会決議で決している会社の場合、剰余金の配当議案に関する提案理由の一環として、株主総会参考書類に資本政策の説明を加えることも考えられます。

⑷ 役員候補の指名方針など

ア　CG コードの概要

CG コードは、経営陣幹部の選解任と、取締役、監査役候補の指名を行うに当たっての方針と手続きを開示するよう求めています（原則 3-1（ⅳ））。また、この方針を踏まえて実際に選解任や指名をする際、個々の選解任・指名についての説明の開示も求められています（同原則（ⅴ））。

これに関して、同コード補充原則 4-3 ②は、資質を備えた CEO を選任すべき旨、補充原則 4-3 ③は、業績等の評価を踏まえた CEO 解任手続の確立を求めています。

イ　重要かつ難しい「CEO 解任手続」

投資家の目線に立ったとき、会社の経営を委ねる取締役会の構成がどのような考えの下、実際にどうなっているのか、といった事項が重要な関心事であろうことは容易に想像がつきます。取締役会が、さらに経営トップたる CEO をどのように選任し、また解任するのかもまた重要な関心事項でしょう。

それにしても、「業績等の評価を踏まえた CEO 解任手続の確立」を求める補充原則 4-3 ③は、実務上は悩ましい存在です。

この補充原則も、2018 年の改訂で明記されるに至ったものなのですが、コンプライとする場合でも、どの程度明確な手続きを立てるべきか、また「解任の基準」まで定めるべきかは、一応、個々の会社の判断に委ねられています。

多くの日本企業において「社長のイス」とは、経営幹部のなかから、「仕事ができる」、「上司・部下からの信頼が厚い」、「素晴らしい功績がある」、などの複合的かつ数値化されない要素を総合して、先代社長が指名する場合が多かったと推測されます。またそのようにして選ばれた社長の辞め時は、社長自らが決めるものであり、取締役会が社長を解任（解職）するなどもってのほかでした。

ところが、もし、解任の基準として、経営計画の達成度などの明確な基準を定めたならば、社長を選ぶ方も選ばれる方も、これまでと異なる視点と覚悟をもって臨まなければならなくなります。また、社長の地位をめぐる内紛の材料を生んでしまう可能性も懸念されます。

　そういうわけで、CEO 解任の基準を定めることは、業績向上に向けた会社の覚悟を内外に示す意味では非常に重要な役割を果たす可能性を秘めつつも、実務では、そのような基準までは定めないか、ある程度抽象的な基準にとどめる例が多いと予想されます。

ウ　招集通知への記載方法

　役員選任議案にかかる株主総会参考書類には、当該候補者の氏名、生年月日および略歴などを記載することが法定されています。

　そこで、この役員選任議案の記載に付記して、個々の役員の指名についての説明を加筆すると分かりやすく（CG コード補充原則 3-1 （ⅴ））、実務上、この方法は既に普及しています。

　さらに、この役員選任議案の後に、補足情報として役員候補の指名を行う方針と手続きを付記することも考えられます。以下はその例です。

第3章●招集通知を"投資家目線"でひと工夫

【取締役候補の指名を行うに当たっての方針と手続】
　当社は、取締役の選解任および取締役候補の指名に当たり、以下の方針と手続を定めております。
　＜方針＞
　　取締役の選解任基準の方針は以下のとおりです。
　　(1)選任提案基準
　　　選任提案に当たり、社内取締役、社外取締役いずれの候補も、以下に挙げる全ての基準を満たすこととします。
　　　（社内取締役）
　　　①当社グループの企業使命を遵守する優れた人格・見識を有すること
　　　②当社グループの歴史、企業文化、社員特性を良く理解し、業務に関し十分な経験と知識を有すること
　　　③当社グループの置かれた経営環境、競合の動向、企業理念等を踏まえ、当社グループの企業価値を持続的に向上させ、中長期的な企業価値の大幅な増大に資することができる経営戦略、実行計画等について具体的な提案、執行を行うことができること
　　　④当社グループの経営戦略および実行計画を絶えず検証し、改善する努力を継続すること
　　　⑤当社グループの属する業界、提供する価値に関する市場の変化を敏感に察知し、当社グループの進むべき方向性について建設的な議論を行うことができること
　　　（社外取締役）
　　　①当社グループの企業憲章を遵守する優れた人格・見識を有すること
　　　②企業経営、財務会計、税務もしくは法律その他の専門分野のいずれかにおいて高い専門的知見および豊富な経験を有すること
　　　③当社グループの特性（迅速性、柔軟性、実効性）を良く理解し業務執行取締役が当社グループの持続的な企業価値の向上に向けて提案する内容を歓迎し、取締役会において適切なリスク管理に基づく監督機能を果たすとともに、企業価値の大幅な増大に資する建設的な検討への貢献が期待できること
　　　④独立社外取締役においては当社グループが定める独立性判断基準を充足すること
　　(2)解任提案基準
　　　以下に挙げる基準に一つでも該当した場合、解任提案の対象とします。
　　　①反社会的勢力と社会的に非難されるべき関係が認められること
　　　②法令もしくは定款その他当社グループの規程に違反し、当社グループに多大な損失もしくは業務上の支障を生じさせたこと
　　　③職務執行に著しい支障が生じたこと
　　　④選任基準の各要件を欠くことが明らかになったこと
　＜手続＞
　　取締役の選解任の手続は以下のとおりです。
　　　①すべての取締役（監査等委員である取締役を除く。）は、毎年、株主総会による選任の対象とされる
　　　②すべての取締役候補者は、指名・報酬諮問委員会における公正、透明かつ厳格な審議を経たうえで、取締役会で決定される

以　上

（株式会社アイ・アールジャパンホールディングス第4期定時株主総会招集ご通知より抜粋）

(5) 独立社外取締役の有効活用など

ア CGコードの概要

CGコード原則4-8は、上場会社は、資質を十分に備えた独立社外取締役を少なくとも2名以上選任すべき旨を、さらに、業種・規模・事業特性等を総合的に勘案して少なくとも3分の1以上の独立社外取締役を選任することが必要と考える上場会社は、十分な人数の独立社外取締役を選任すべき旨を定めています。

また、原則4-9は、独立社外取締役の独立性の判断基準を策定・開示すべき旨などを定めています（なお、「社外取締役」や「独立役員」の意味などについては「コラム5」をご覧ください。）。

イ 招集通知への記載方法

従来から各証券取引所は、独立役員に関する情報を議決権行使に役立てやすい形で株主に提供するよう努めるものとしています。そのため、役員選任議案にかかる株主総会参考書類には、当該候補者の氏名、生年月日および略歴などの法定記載事項に加え、その者が独立役員となる予定である場合はその旨を付記するのが慣例となっています。

そして、上記のCGコード原則4-9との関係では、役員選任議案の後に、補足情報として独立社外取締役の独立性の判断基準を付記する例が増えています。以下はその例です。

第3章 ● 招集通知を"投資家目線"でひと工夫

[ご参考]

社外役員の独立性判断基準

1. 当社は、以下のいずれの要件にも該当しない社外取締役および社外監査役（会社法に定める社外取締役および社外監査役をいいます。）を当社における独立役員として選任します。
   (1) 親会社等・主要株主
      ① 親会社または主要株主
      ② 親会社または主要株主（それらの親会社および「重要な子会社を含みます。」）において、現在または過去1年間、取締役、監査役、執行役、執行役員または支配人その他の使用人である者（重要な子会社についてはその社外取締役および社外監査役を除きます。）
      ※「主要株主」とは、当社株式の総議決権の10%以上を直接または間接に保有する株主をいいます。
   (2) 主要な取引先
      ① 直近3事業年度のいずれかにおいて、当社またはその子会社（以下あわせて「当社グループ」といいます。）を主要な取引先とする者
      ※「当社グループを主要な取引先とする者」とは、その年間連結売上高の2%以上の支払いを当社グループから受けている者をいいます。
      ② 直近3事業年度のいずれかにおいて、当社グループの主要な取引先である者
      ※「当社グループの主要な取引先である者」とは、当社グループに、当社の年間連結売上高の2%以上の支払いを行っている者をいいます。
      ③ 上記①または②（それらの親会社および重要な子会社を含みます。）において、現在または過去1年間、業務執行取締役、執行役、執行役員または支配人その他の使用人である者
   (3) 会計監査人
      現在または過去3年間において、当社グループの会計監査人またはその社員等である者
   (4) コンサルタント
      ① 上記(3)に該当しない公認会計士、税理士または弁護士その他のコンサルタントであって、役員報酬以外に、当社グループから一定額を超える金銭その他の財産上の利益を得ている者
      ※「一定額」とは、過去3年間の平均で年間1,000万円をいいます。
      ② 上記(3)に該当しない監査法人、税理士法人、法律事務所またはコンサルティング会社その他の専門的アドバイザーであって、当社グループを主要な取引先とする法人の社員等
      ※「当社グループを主要な取引先とする法人」とは、過去3年間の平均で、その連結総売上高の2%以上の支払いを当社グループから受けている法人をいいます。
   (5) 寄付先
      当社グループから一定額を超える寄付または助成を受けている組織の理事（業務執行者に限ります。）その他の業務執行者
      ※「一定額」とは、過去3年間の平均で、年間1,000万円または当該組織の年間総費用の30%のいずれか大きい額をいいます。
   (6) 役員の相互就任先
      当社グループから取締役を受け入れている会社（その親会社または重要な子会社を含みます。）の取締役、監査役、執行役、執行役員または支配人その他の重要な使用人
   (7) 近親者等
      ① 当社グループの取締役、監査役、執行役、執行役員または支配人その他の使用人の配偶者、2親等内の親族または同居の親族
      ② 上記(1)ないし(6)に規定する者（使用人は重要な使用人に限ります。）の配偶者、2親等内の親族または同居の親族
2. 当社は、独立役員の選任にあたり、前項各号の要件以外の事由により実質的に当社との利益相反が生じるおそれがある場合には、当該社外取締役または社外監査役を独立役員として選任しません。

以上

（田辺三菱製薬株式会社第11回定時株主総会招集ご通知より）

　また、CGコード原則4-8との関係では、上述のとおり役員候補者が独立役員の候補者であるときはその旨を株主総会参考書類に付記するのが通例となっているのですが、それに加えて、当該候補者らが選任された場合、独立社外取締役の割合がどうなるのかまで書き加えると、利便性が増すものと思われます。

コラム 5　社外役員について

（1）社外役員の時代的要請

　前述のコラム 2 に記載のとおり、会社法改正により一定の株式会社には 1 名以上の社外取締役の設置が義務付けられることになります。

　この点、社外役員の設置の要否については、10 年以上前から議論がされており、2009 年当時、コーポレートガバナンスの実効性を高めるため、同年 6 月の金融審議会スタディグループ報告や経済産業省企業統治研究会報告書において、上場会社には一般株主保護のために「独立」した役員が求められることが議論されました[63]。これを受けて東京証券取引所は、2010 年から独立役員制度を導入し、今日まで当該制度が運用されています。当該制度の普及もあり、2009 年当時は上場会社の過半数が社外取締役を設置していなかったのですが、2019 年 1 月現在では上場会社の 9 割以上が社外取締役を設置している状況です。このため、上場会社が社外取締役を設置するのは当然の前提であり、どのような属性・素養の者を選任するかに注目が集まっているといえます。

（2）社外取締役の役割（経済産業省の第 1 期 CGS 研究会報告書）

　平成 29 年 3 月 10 日付で経済産業省の CGS 研究会（コーポレート・ガバナンス・システム研究会）が「CGS 研究会報告書　実効的なガバナンス体制の構築・運用の手引」を取りまとめており、そ

63　日本経済団体連合会「主要論点の中間整理」（2009 年 4 月）
　　日本監査役協会「有識者懇談会報告書」（2009 年 3 月）
　　ACGA「日本のコーポレート・ガバナンス白書」（2008 年 5 月）

第3章●招集通知を"投資家目線"でひと工夫

のなかで社外取締役の役割について、概要以下のとおり言及しています[64]。

・社外取締役は数合わせでなく、経営経験等の特性を重視すべき。

・人選理由を後付けで考えるのではなく、最初に必要な社外取締役の資質、役割を決定した上で人選すべき。

・社外取締役のうち少なくとも1名は企業経営経験者を選任すべき（逆に、経営経験者は他社の社外取締役を積極的に引受け）

・企業価値向上の中心的役割を果たすのはCEO・経営陣である。企業価値向上のためには経営戦略が必須であり、その立案に当たっては社外の視点や知見も入れて取締役会で検討すべき。

・優れたCEO・経営陣を選び、適切なインセンティブを与え、その成果をチェックしていく仕組みを作ることは全ての企業において必須。

このように、社外役員、とりわけ社外取締役を設置するのは当然の前提としつつ、社外取締役の選任方法、その役割などについて関係各所で深く議論がなされている状況です。各社で社外役員を選任するにあたってはこれらの議論状況も踏まえた選任議案が策定される必要があるといえるでしょう。

なお、第2期CGS研究会ではグループガバナンスについての考え方や実務の在り方について分析・検討がなされています（平成31年1月現在12回実施済）。

---

[64] 経済産業省「CGS研究会（コーポレート・ガバナンス・システム研究会）報告書の概要」
http://www.meti.go.jp/report/whitepaper/data/pdf/20170310001_2.pdf

131

(3) 独立役員制度

　東京証券取引所では、2009年12月に有価証券上場規程を改正
し、独立役員制度を導入しています。独立役員制度とは、上場会社が、
一般株主保護のため、社外取締役または社外監査役の中から、一般
株主と利益相反の生じる恐れのない者を独立役員として1名以上
確保することを義務付ける制度です。当該制度は、株主・投資者保
護の観点から適切な対応が求められる企業行動規範の「遵守すべき
事項」として上場会社に対して義務付けられています（有価証券上
場規程第436の2）。

　ここで、「一般株主と利益相反の生じる恐れのない」とはどのよ
うな場合をいうのかが問題となりますが、東京証券取引所の「上場
管理等に関するガイドライン」のⅢ5.（3）の2において、明ら
かに一般株主との利益相反の恐れがある関係が列挙されています。

【上場管理等に関するガイドライン　Ⅲ5.（3）の2】

a　当該会社を主要な取引先とする者若しくはその業務執行者又は
　当該会社の主要な取引先若しくはその業務執行者

b　当該会社から役員報酬以外に多額の金銭その他の財産を得てい
　るコンサルタント、会計専門家又は法律専門家（当該財産を得て
　いる者が法人、組合等の団体である場合は、当該団体に所属する
　者をいう。）

c　最近において次の（a）から（c）までのいずれかに該当してい
　た者

　　（a）　a又はbに掲げる者

　　（b）　当該会社の親会社の業務執行者（業務執行者でない取締役

を含み、社外監査役を独立役員として指定する場合にあっ
ては、監査役を含む。）

（c）　当該会社の兄弟会社の業務執行者

d　次の（a）から（f）までのいずれかに掲げる者（重要でな
い者を除く。）の近親者

（a）　aから前cまでに掲げる者

（b）　当該会社の会計参与（社外監査役を独立役員として指定
する場合に限る。当該会計参与が法人である場合は、その
職務を行うべき社員を含む。以下同じ。）

（c）　当該会社の子会社の業務執行者（社外監査役を独立役員
として指定する場合にあっては、業務執行者でない取締役
又は会計参与を含む。）

（d）　当該会社の親会社の業務執行者（業務執行者でない取締
役を含み、社外監査役を独立役員として指定する場合に
あっては、監査役を含む。）

（e）　当該会社の兄弟会社の業務執行者

（f）　最近において（b）、（c）又は当該会社の業務執行者（社
外監査役を独立役員として指定する場合にあっては、業務
執行者でない取締役）に該当していた者

　これらの要件に該当するか否かの判断は、原則として各社の
判断するものとされていますが、要件の考え方については東京
証券取引所編「会社情報適時開示ガイドブック」をご参照いた
だくともに、東京証券取引所に事前相談等を行っていただくこ
とをお勧めいたします。

⑹ 取締役会の実効性評価の条件

ア　CGコードの概要

　CGコード原則4-11は、取締役会は、ジェンダーや国際性の面を含む多様性と適正規模を両立させる形で構成されるべき旨などを定めています。

　また、その下位規範である補充原則4-11①は、取締役会全体としてのバランス、多様性及び規模に関する考え方の開示を、補充原則4-11②は、取締役・監査役の他の上場会社役員の兼任状況の開示などを定めています。

イ　招集通知への記載方法

　上記のうち、補充原則4-11②（兼任状況の開示）は、もともと事業報告や株主総会参考書類の記載事項となっているため、CGコードに対応した加筆は要しません。

　補充原則4-11①が求める、取締役会全体としてのバランス、多様性及び規模に関する考え方の開示については、役員選任議案に関する株主総会参考書類に加筆する方法が考えられるほか、事業報告にも「会社役員に関する事項」という記載欄があるので、そちらに加筆することも考えられます。以下は後者の例です。

3｜取締役および監査役の多様性

　当社の取締役会は、業務執行の監督と重要な意思決定を行うために、多様な視点、多様な経験、多様かつ高度なスキルを持った取締役で構成されることが必要であると考えています。また、監査役についても、取締役会に出席し、必要に応じて意見を述べる義務があることから、取締役と同様、多様性と高いスキルが必要であると考えます。

　多様性を考慮する際には、性別、年齢および国籍等の区別なくそれぞれの人格および識見に基づいて候補者を選定することで、これらの属性に関する多様性を確保することに加え、経営に関連する各分野の専門知識や経験等のタスク面での多様性を確保することも重視しています。また、社外取締役および社外監査役については、当社の従来の枠組みにとらわれることのない視点を経営に活かすことをねらいに一定の在任上限期間を設けており、在任期間の長い社外役員と新任の社外役員との引き継ぎの期間を設けながら社外役員の適切な交代を進めています。

（株式会社資生堂第118期事業報告より）

(7) 招集通知の構成の工夫例

　以上の(1)から(6)は、従来からの招集通知記載事項の構成を維持しつつ、各法定記載事項に、加筆すべき事項を加筆する場合の具体例を主に取り上げました。

　しかし、工夫次第ではほかの構成方法もあり得るため、以下にその好例を紹介します。

ア　冒頭にQ&Aを掲載する例

　まず、NISSHA株式会社は、招集通知の冒頭に記載した代表取締役社長のあいさつに続き、簡潔なQ&A方式で、本年度の実績、経営計画、配当政策などの要点を紹介したうえ、業績ハイライト、本年度のトピックス、そして企業理念までを、6頁程度にまとめて記載しています。統合報告書のミニ版を招集通知の冒頭に記載したような印象です。

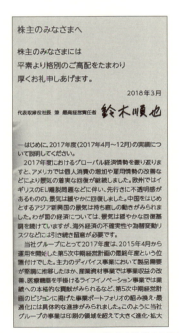

（※上記に続き、他のQ＆Aが列記されます。NISSHA株式会社第99期定時株主総会招集ご通知より）

分かりやすいうえ、（統合報告書の作成に比べれば）追加コストも抑えて実施できることから、中堅・新興の上場会社にとっても大いに参考になると思われます。

イ　コーポレートガバナンス基本方針などを加える例

　また、別の例として、事業報告のなかに「コーポレートガバナンス」という項目を設けて、当該会社の定めるコーポレートガバナンス基本方針を掲載することも考えられます。

　このコーポレートガバナンス基本方針の各条項に、対応するCGコードの各原則を付記すれば、同コードとの対応関係も一目瞭然となり、非常に見やすい資料となります。

　この方法も、従来からの招集通知のページ数を、数枚追加する程度なので、中堅・新興の上場企業でもやろうと思えば実施できそうです。

　ほかにも、CGコードの各原則と、招集通知記載事項の対応表を作成し、これを招集通知に付け加える方法も考えられます。

第4章

"投資家目線"の
株主総会想定問答集

1. "投資家目線"の回答

"投資家目線"で株主総会での回答を考えるとすれば、投資家が「知りたい」、「聞きたい」と思う内容を回答しなければ、十分な回答をしたとはいえません。したがって、質問の内容から"投資家目線"に立って、何が知りたいのかを回答することが「痒い所に手が届く」回答になります。

CGコードは、投資家の期待を金融庁・東証の有識者会議で取りまとめたものといえますので（本書第1章8.）、CGコードに書かれた内容は、回答をするにあたって参考になります。

また、"投資家目線"で株主総会での回答を考える上では、会社法上の説明義務の範囲によって回答の是非を考えることは適当ではありません。投資家との対話を重視するならば、投資家が興味を持っている点について、説明義務の有無にかかわらず積極的に回答することが必要になります。また、株主総会では、質問者のほかに、多くの株主（主に個人投資家）が回答を聞いていることからすれば、回答に当たっては、普通の人でも理解できる分かりやすい言葉で説明することが、株主の満足につながります。

なお、CGコードは、コンプライ・オア・エクスプレインの手法を取り入れているため、コンプライとした内容については、株主総会でも、説明を求められれば回答できることが当然の前提になります。他方、エクスプレインした内容については、その内容と齟齬がないように説明する必要があります。

そこで、本章では、"投資家目線"で想定問答を考えるとともに、どこまで回答しなければならないかという点を解説します。

第4章 ● "投資家目線"の株主総会想定問答集

2. 経営・資本政策等に関する想定問答

(1) 経営戦略・経営計画と資本コスト

問 当社の経営戦略や経営計画の策定にあたって、当社の資本コスト
をどのように考えているのか、社長のお考えをお聞かせください。

回答例①

　当社は、資本コストを株主資本コストとして把握しております。当社
の資本コストは5%であり、当社の経営戦略および経営計画は、指標と
してROEを用い、10%を目標として策定しておりますので、資本コス
トを上回る利益が上げられる経営戦略・経営計画となっています。

回答例②

　当社は、株主の皆様からの期待に応えられる収益を上げることを目標
として経営戦略および経営計画を策定しています。具体的には、株主
の皆様からお預かりした資本と比べてどれくらい利益を上げられたか
を見ることができるROEという指標を経営戦略および経営計画に組み
込んでおり、当社ではROE10%を目標としております。つまり、株主
の皆様からお預かりしたお金の少なくとも10%を利益として出せるよ
う経営戦略を立て、経営計画を策定しているということです。当期は、
ROEで8%まで利益を出せましたが、まだ目標には届いておりません。
中期経営計画の終期である今期には10%を達成すべく努力していると
ころでございます。

139

解　説

　株主総会において、資本コストに関する質問があった場合、株主が知りたいのは、どれくらいのリターンを想定して、経営戦略・経営計画を作成しているのかという点です。そこで、自社の把握する資本コストについて分かりやすく説明した上で、資本コストと経営戦略・経営計画との関係を説明する必要があります。資本コストは、株主資本コストの意味と加重平均資本コスト（WACC）を意味する場合がありますが、数値による専門的な説明よりも、株主に分かりやすい説明を心がけるべきでしょう。資本コストの計算データも準備しながら、その資本コストと経営戦略や経営計画との関係について、分かりやすく説明できるよう、事前にまとめておくことが有益です。

　回答例①は、質問に最低限回答したものです。これに対し、回答例②は、より分かりやすく、かつ現状を踏まえた説明となっています。

準備資料・データ
・株主資本コスト、WACC（加重平均資本コスト）を用いた資本コストの計算値
・資本コスト、経営戦略・経営計画をより分かりやすい言葉で説明するためのシナリオ
　など

関連コード：CG コード原則 5-2
本書参照：第 1 章 3. 5. 、第 3 章 3.（2）

第4章● "投資家目線"の株主総会想定問答集

(2) 収益力・資本効率等に関する指標

問　当社が収益力・資本効率等に関する目標として重視している指標を教えてください。

▌回答例①▊▊▊
　当社は、目標としてROEを重視しており、10%を目標としております。

▌回答例②▊▊▊
　当社は、指標としてROEを重視し、10%を目標としています。ROEというのは、自己資本利益率のことで、株主の皆様からお預かりした資本と比べてどれくらい利益を上げられたかを見ることができる指標です。自己資本利益率を重視することによって、株主の皆様からの期待に応えることができているかを数値として把握することができます。前期から当期にかけて、自己資本利益率は3%上昇しており、当期は8%を達成することができました。今後も、目標である10%を達成できるよう、当社事業の利益増大に向け、邁進してまいります。

解　説

　最近では、自己資本利益率（ROE）という言葉も浸透してきたように思われますが、株主が知りたいのは、指標があることではなく、どうしてその指標を重視しており、その指標によって業績にどのように影響があるか、という点です。
　なお、CGコード原則5-2では、経営戦略や経営計画の策定・公表に当たり、収益力・資本効率等に関する目標の提示を求めています。指標としては、自己資本利益率（ROE）や投下資本利益率（ROIC）、総資産利益率、売上高利益率などが挙げられますが、収益力と資本効率の指

141

標とを合わせてバランスをとっていくことが重要であるという指摘もありますので（油布ほか「CG コード原案の解説〔Ⅳ・完〕」56 頁注 62）、自社の目標としての指標のほかに、複数の指標について回答できるように準備しておくとよいでしょう。

準備資料・データ
・自己資本利益率、投下資本利益率、総資産利益率、売上高利益率などの各データ

関連コード：CG コード原則 5-2
本書参照：第 1 章 5. 8.、第 3 章 3. (2) (3)

(3) 中期経営計画の目標未達の原因と対応

問 中期経営計画が目標未達に終わったのはなぜですか。

回答例① ||||||||||||||||||||||||||||||||||||||||||||||||||||||||||||||||||||||||
　当社の中期経営計画が目標未達に終わったのは、事業環境の変化と大口取引先の倒産が理由になります。

回答例② ||||||||||||||||||||||||||||||||||||||||||||||||||||||||||||||||||||||||
　当社の中期経営計画が目標未達となりましたのは、中期経営計画の策定時には予期しえなかった事業環境の変化と大口取引先の倒産が主原因と分析しております。また、当初予定より販管費などの経費が多くなった結果として、予定していた利益を圧縮したことも一因と考えております。そこで、対応として、大口取引先が倒産した際、取引先情報の管理と担保も含めた債権の管理を強化するとともに、取引先の選定を精緻に

142

し、また、毎年、販管費の抑制と生産性向上に向けた計画を立案し、実行しましたが、中期経営計画の目標を達成するには至りませんでした。なお、先般発表いたしました第〇期中期経営計画におきましては、〜の対策を講じており、中期経営計画の目標を達成できるよう、業績の回復、向上に努めてまいります。

解　説

中期経営計画が未達に終わった理由を聞かれた場合、株主としては、中期経営計画が未達に終わった理由とともに、それに対して、どのような対策を講じたのか、次の中期経営計画では大丈夫なのか、といった点が聞きたいと思われます。そこで、理由だけ聞かれたとしても、それに対してどのような対策を講じたかを説明した上で、次の中期経営計画に活かしていることを積極的に説明するべきです。

CGコード補充原則4-1②では、中期経営計画が目標未達に終わった場合に、その原因や自社が行った対応の内容を十分に分析し、株主に説明することを求めていますので、中期経営計画が目標未達に終わった原因やそれに対する対応内容について、説明できなければなりません。また、決算説明会での資料など株主総会の招集通知とは別に説明した資料がある場合は、その資料と平仄を合わせる必要があります。

回答例①では、質問されたことについて、ストレートに回答していますが、それだけでは株主にとって満足できる回答とはいえません。回答例②では、質問されたことに回答した上で、次期中期経営計画では対策を講じていることまで触れていますので、CGコードに対応する観点からは及第点が付く内容です。

もっとも、より、株主・投資家の心情に寄り添う観点から考察すると、いずれの回答例も、会社ごとの十分なアレンジが必要ですのでご留意ください。

143

すなわち、経営計画が未達の場合、言い訳じみた説明と態度は、株主に悪い印象を残します。未達で申し訳ない、という気持ちで、未達の原因とそれに対する今後の対応について信頼感を持てるような態度で話をする必要があります。

　回答例はいずれも、これだけでは、「未達で申し訳ない」、という態度がないため、株主は納得がいかないでしょう。実績のある創業者のような方は、未達は、私の責任であると明言し、その点、申し訳ない、と堂々と謝罪の言葉を述べます。その上で、次期の経営計画は、必ず達成すると力強い言い方をすると、株主は、明るい未来の期待感が生じるから、今回の経営計画の未達にがっかりしないで済むことになります。

準備資料・データ

・中期経営計画が目標未達に終わった原因の分析結果、対応策を取りまとめた資料
・次期中期経営計画への反映内容
・他の資料に記載した中期経営計画未達の原因・対応の分析結果の説明内容
　など

関連コード：CG コード補充原則 4-1 ②
本書参照：第 1 章 7.、第 3 章 3.（2）

第4章 "投資家目線"の株主総会想定問答集

3. CEO に関する想定問答

⑴ CEO の資質

問 当社では、CEO に必要な資質についてどのように考えているのか、教えてください。

回答例①

CEO には、統率力、行動力、コミュニケーション能力、理解力、柔軟性それぞれをバランスよく備えていることが資質として必要であると考えています。

回答例②

CEO には、統率力、行動力、コミュニケーション能力、理解力、柔軟性それぞれをバランスよく備えていることが資質として必要であると考えています。それらを評価するため、当社では、取締役会の諮問委員会である指名委員会で、それぞれの資質を指標として数値化した上で、評価をしております。私は、評価をされる側ですが、指名委員会において合格点をいただいております。今後の CEO 候補者についても、同様の指標で評価し、CEO に必要な資質を備えた者が CEO に選任される体制を構築しております。

解 説

CEO の資質について質問があった場合、株主は、現在および将来の CEO について、会社を任せていいのか判断するための材料を求めていると思われます。そこで、CEO の資質について、判断要素を説明する

145

ことも必要ですが、それに加えて、現在の CEO はもちろん、将来の CEO の選任についても、問題のない体制があることを説明することになると思われます。

CG コード補充原則 4-3 ②は、取締役会に、資質を備えた CEO の選任を求めています。そして、選任については、客観性・適時性・透明性ある手続に従い、十分な資源をかけることを求めています。本原則は、2018 年の CG コード改訂で新設されました。CEO の資質を考えるためには、会社において、CEO の資質を評価するための視点を整理しておくとよいでしょう。任意委員会としての指名委員会などがあれば、そこで、CEO が備えるべき資質を評価するための指標を明確にしておくことが有益です。そのような指標を明確にしておけば、CEO の資質に関する株主からの質問に対しても、会社の考える CEO の資質を評価指標を利用して説明することが可能になります。

回答例①、②は、このような CG コードの要請も意識した、保守的な例を示したものです。

ただし、株主・投資家の高い満足を獲得する観点からは、さらに各社の事情に応じて、より突っ込んだ説明をすることも検討して頂きたいところです。

すなわち、CEO の資質は、各企業の将来の収益性を左右する、極めて重要な関心事です。そのため、株主が聞きたいのは、抽象的な CEO 選出の手続や「統率力、行動力、コミュニケーション能力〜」などのような抽象的な選出基準ではありません。知りたいのは、現在の当社の置かれた環境の中での、当社の経営トップにとって、最も重要な資質は具体的に何かです。分かりやすい例でいえば、上昇基調の業界の CEO に求められる資質とレッドオーシャンになっている業界の CEO に求められる資質は異なるはずです。勢いのある新興企業の CEO に求められる資質と衰退気味であるが伝統のある有名企業の CEO に求められている

資質は異なるはずです。

　身近な例でいえば、たとえば、過激ともいうべき急成長をしつつ、他方で、財務面から急激な下降の懸念を抱えているライザップのような場合には、必要な経営者の資質は、財務に強い経営者であり、短期間で思い切りのいい事業の切り捨てを含む再編ができる資質のはずです（現に、松本氏のような人材がライザップに招へいされた理由も、その資質によるものだと思います。）。

準備資料・データ
・CEO の資質の考え方をまとめた資料
・CEO の資質を評価するための指標
　など

関連コード：CG コード補充原則 4-3 ②
本書参照：第 1 章 2. 6. 、第 3 章 3. (4)

(2)　CEO の解任手続

問　当社 CEO が十分に機能を発揮していない場合の解任手続を教えてください。

回答例①||||||||||||||||||||||||||||||||||||||||||||||||||||||||||||||||||||||
　当社では、取締役会で CEO が十分に機能を発揮していないと判断した場合は、代表取締役を解職する旨の決議を行います。

回答例②||||||||||||||||||||||||||||||||||||||||||||||||||||||||||||||||||||||
　当社では、CEO が十分に機能を発揮していない場合、取締役会にお

147

いて議論した上で解任する手続をとることになります。その前提として、当社では、取締役会の諮問委員会として、社外取締役を中心とする指名委員会を設置しており、指名委員会でCEOの評価も行うこととしています。CEOの評価につきましては、当社の業績だけでなく、当社の企業価値向上に対する取組みやCEOの人格・統率力などを、当社の置かれた事業環境も踏まえて評価して数値化し、当社の求める水準に満たない場合に、諮問委員会から取締役会に対し、CEOを解職すべきであるという意見を出し、取締役会で検討して、解職するという流れになります。

解　説

　CEOの解任（解職）について質問があった場合、株主は、CEOが十分に機能を発揮していないときに、取締役会の監督機能の一環としてCEOを解任（解職）する体制が整っているのかどうかを聞きたいと思われます。そこで、法定の手続きだけでなく、どのような段階を踏んで解任（解職）となるのか、またどのような視点で評価されるかを説明することで、よりよい回答になると思われます。

　CEOの解任に関しては、CGコード補充原則4-3③において、取締役会に、CEOを解任するための客観性・適時性・透明性ある手続の確立が求められています。そして、同原則は、会社の業績等の適切な評価を踏まえて、CEOがその機能を十分に発揮していないと認められる場合に解任することを前提としています。同原則は、2018年改訂において、新設されました。CEOの選解任が、企業の持続的な成長と中長期的な企業価値の向上を実現していく上で、最も重要な戦略的意思決定であるため、社内倫理のみが優先される不透明な手続によることなく、客観性・適時性・透明性ある手続によるべきであるという考えによるものです（田原ほか「CGコードの改訂と対話ガイドラインの解説」8頁）。CGコー

第4章 ● "投資家目線"の株主総会想定問答集

ドに沿った形で説明するならば、客観性・適時性・透明性ある手続の説明が必要になります。

回答例①は、CGコードの求めている手続が確立しているとはいえない回答ですが、回答例②は、CGコードが求めている手続となっていることが分かる説明になっています。

なお、CEOの解任手続きは、実務的には、非常に困難を伴うものです。その意味で、CEOの解任を取り上げたCGコードは、革命的なものがあります。反対から言えば、このCGコードが実効性を持つかどうかが最大の課題になります。その面からすれば、回答例②は、とても思い切りのいいルールの説明になっています。

準備資料・データ
・CEOの解任（解職）手続きの流れをまとめた資料
・CEOの解任（解職）において考慮される指標
　など

関連コード：CGコード補充原則 4-3 ③
本書参照：第3章 3.（4）

4. 社外役員、監査役および会計監査人に関する想定問答

⑴ 独立社外取締役の有効な活用

問 独立社外取締役の有効な活用として実践していることがあれば、教えてください。

149

┃回答例①┃┃

　当社では、独立社外取締役が2名おり、取締役会に出席していただいて、大所高所からご意見をいただくことで、独立社外取締役を有効に活用できていると考えております。

┃回答例②┃┃

　当社では、独立社外取締役が2名おり、主に取締役会において、大所高所からのご意見をいただいております。取締役○○氏は、○○の代表取締役を務めた経験から主に経営についてご意見をいただき、取締役○○氏につきましては、公認会計士という会計の専門家として、主に会計の視点からご意見をいただいております。

　その他、独立社外取締役と独立社外監査役とで独立役員会を構成し、情報の共有を図るとともに、当社の経営方針や中期経営計画などについて、当社の持続的な成長と中長期的な企業価値の向上の観点から率直に意見交換してもらい、それを経営陣にフィードバックしてもらうことで、独立社外取締役を有効に活用しています。

┃　解　説　┃

　多くの会社で独立社外取締役が選任されていますが、独立社外取締役が会社でどのように活用されているかは、株主からは見えないため、株主にも関心のあるところです。そこで、株主から独立社外取締役の活用について質問があった場合、会社が、独立社外取締役にどのような資質、役割を求め、具体的にどのような役割を果たしているかを含め、独立社外取締役を活用するための取組みを説明することが、株主にとって満足できる回答となります。

　CGコード原則4-8では、独立社外取締役が、会社の持続的な成長と中長期的な企業価値の向上に寄与するように役割・責務を果たすべきで

あることを前提に、上場会社に対して、そのような資質を十分に備えた独立社外取締役の2名以上の選任を求めています。本原則のタイトルが「独立社外取締役の有効な活月」となっているように、本原則の趣旨は、ただ選任すればよいということではなく、資質を十分に備えた独立社外取締役を選任することにより、その有効な活用が求められているといえます。

　回答例①では、取締役会に出席して発言してもらっているという点のみを述べており、最低限の回答にはなっていると思われますが、回答例②のように具体的に説明することで、より株主が満足する回答となります。

準備資料・データ
・独立社外取締役が参加した会議に関する資料
・独立社外取締役が構成員となっている委員会一覧
・独立社外取締役の会議での発言要旨
　など

関連コード：CG コード原則 4-8、補充原則 4-8 ①
本書参照：第 3 章 3.（5）

(2)　監査役・監査役会と社外取締役の連携

問　監査役や監査役会と社外取締役がどのように連携しているか、具体的に教えてください。

┃回答例① ‖‖
　当社では、社外取締役と監査役が適宜情報交換することにより、連携しております。

151

▌回答例②

　当社では、常勤監査役が収集した情報について、業務執行の監督にとって重要と判断した情報は、直接社外取締役に提供する体制を取っております。また、社外監査役と社外取締役とで社外役員会を構成し、社外監査役、社外取締役それぞれの職務の観点から、会社の課題やリスクなどを話し合う場を設けて連携しています。

解　説

　株主から見て、社外取締役に求められる業務執行の監督が必要十分にできているかは、社外取締役に期待する役割のひとつです。社外取締役が同じ監査・監督をする立場にある監査役・監査役会と連携することは、充実した監督をするために有益と考えられます。株主から、社外取締役と監査役・監査役会との連携について質問が出た場合は、社外取締役と監査役・監査役会との連携といえる内容を具体的に説明する必要があります。そのためには、会社の体制として、社外役員会の設定や、常勤監査役と社外取締役との意見交換、常勤監査役から社外取締役への情報提供体制などを構築しておくと、説明しやすくなります。

　なお、CG コード補充原則 4-4 ①では、監査役会に対し、（監査の）実効性を高めることを求めるとともに、監査役または監査役会に対し、社外取締役が情報収集力の強化を図ることができるよう、社外取締役との連携確保を求めています。監査役会が半数以上の社外監査役で構成されることに由来する強固な独立性と、必置とされる常勤監査役の高度な情報収集力を前提として、社外取締役が、その独立性を害することなく情報収集力を強化する手段として、監査役や監査役会との連携確保を求めていることからして、社外取締役と監査役との連携および社外取締役と監査役会との連携の内容を説明することになります。連携を求められている主体は、監査役および監査役会であることから、株主からの質問に

第 4 章 ● "投資家目線"の株主総会想定問答集

対する回答者は常勤監査役でもよいと思われます。

　回答例①は、会社の体制として最低限の連携体制について説明した回答です。回答例②では、具体的に回答していますが、回答の前提として、そのような体制を構築していることが必要になります。

準備資料・データ
・社外役員会の開催日時または回数等に関する資料
・常勤監査役と社外取締役との会合の日時または回数等に関する資料
・社外取締役への情報提供体制に関する全体図
　など

関連コード：CG コード補充原則 4-4 ①
本書参照：第 3 章 3. (5)

(3)　社外役員に対する情報提供

問　**当社では、社外役員に対する情報提供について、どのような工夫をしていますか。**

▌回答例①||||||||||||||||||||||||||||||||||||||||||||||||||||||||||||||||||||||||
　当社では、取締役会の 3 日以上前に社外役員に対して取締役会の資料をお送りし、また、取締役会での報告により情報提供しています。

▌回答例②||||||||||||||||||||||||||||||||||||||||||||||||||||||||||||||||||||||||
　当社では、社外取締役および社外監査役を含め、取締役会の構成員および出席者に対して、取締役会の 3 日以上前に資料をお送りし、必要に応じて個別に説明する機会を設けたりしております。

153

また、社外取締役に対しては、定期的に社外取締役と当社執行部とで会合を開き、執行部から会社の現状や課題などを説明するとともに、社外取締役から意見をいただいています。

　他方、社外監査役に対しては、当社執行部から常勤監査役に対して説明することで、常勤監査役から情報提供されていると理解しております。

　その他、取締役会において各取締役の業務執行報告をお聞きいただいたり、取締役会における議案の説明を詳細に行ったりすることで、十分な情報提供ができるよう工夫しています。

解　説

　社外役員に対する情報提供は、社外役員に期待される業務執行の監督に資するため、株主としても関心のあるところです。株主から、社外役員に対する情報提供について質問があった場合、十分な情報提供の体制が整っているという印象を持ってもらえるような回答でなければ、株主は安心できません。そこで、社外役員に対する情報提供のルートを整理して、具体的に回答する必要があります。

　CG コード補充原則 4-13 ③は、上場会社が、社外取締役や社外監査役に必要な情報を適確に提供するための工夫を行うことを求めています。そして、社外取締役・社外監査役の指示を受けて会社の情報を適確に提供できるよう社内との連絡・調整にあたる者の選任が例示として挙げられています。社外監査役は、通常、常勤監査役から情報提供があると思われますが、社外取締役については、各社の工夫がなければ、必要な情報が適確に提供されることは難しいといえます。

　回答例①は、最低限の情報提供体制といえます。回答例②は、具体的に情報提供のルートを整理して説明しています。

第4章 ● "投資家目線"の株主総会想定問答集

準備資料・データ

・社外取締役・社外監査役に対する情報提供の方法をまとめた資料

・社外取締役・社外監査役に対して情報提供した内容、日にち等をまとめた資料

　など

関連コード：CG コード補充原則 4-13 ③

本書参照：第 3 章 3. (5)

⑷　会計監査人の評価

問　会計監査人を評価するための基準について説明してください。

┃回答例①┃┃┃

　会計監査人につきましては、四半期毎に監査役会において報告を受けるほか、棚卸などの立ち会い、監査結果の報告内容、監査法人からの指摘事項の内容などを総合的に考慮して、適任かどうかを評価しております。

┃回答例②┃┃┃

　会計監査人を評価するための基準につきましては、監査役会において決定し、当該基準に従って、毎年会計監査人を評価しております。具体的には、監査法人の品質管理、監査チームの独立性、監査役とのコミュニケーション、経営者や内部監査部門とのコミュニケーションなどのチェック項目について、監査役会での意見交換、棚卸などの立ち会いにおける状況、監査法人からの指摘事項の内容、監査結果の報告などに照らして、会計監査人として適任かどうかを評価しております。

155

解　説

　会計監査人は、監査役会において選任等に関する議案の内容を決定しますので、会計監査人の評価に関する事項は、監査役が回答すべきです。

　会計監査人は、株主総会において別段の決議がない限り、定時株主総会で再任されたものとみなされるため、いったん選任されると、株主総会で審議することがありません。他方で、会計不正に関しては、少なからず会計監査人の能力が影響してきますので、不祥事を未然に防ぐ上で、会計監査人の評価は重要になります。この点に関し、CG コード補充原則 3-2 ①では、監査役会に対し、外部会計監査人候補を適切に選定し外部会計監査人を適切に評価するための基準の策定および外部会計監査人に求められる独立性と専門性を有しているか否かについての確認を求めています。この趣旨は、外部会計監査人の選解任プロセスに客観性を求めるものであると考えられています（油布ほか「CG コード原案の解説〔Ⅲ〕」37 頁）。

　評価基準に関しては、公益社団法人日本監査役協会が、「会計監査人の評価及び選定基準策定に関する監査役等の実務指針」を公表しており、2017 年に改正されています。会計監査人の評価基準項目例としては、①監査法人の品質管理、②監査チーム、③監査報酬等、④監査役等とのコミュニケーション、⑤経営者等との関係、⑥グループ監査、⑦不正リスクがテーマとして挙げられており、このような実務指針を参考にしながら、会社独自の評価基準を定めておき、株主総会で質問が出た場合には、概要について説明できるよう、準備しておくべきです。

　回答例①は総合評価として説明しています。他方、回答例②は具体的な基準をもって評価していることを説明しています。CG コードで、評価基準の策定が求められていますので、評価基準があることは少なくとも示す必要があります。

156

第4章 ● "投資家目線"の株主総会想定問答集

準備資料・データ
・会計監査人の評価基準
　など

関連コード：CG コード補充原則 3-2 ①

(5) 会計監査人と監査役等との連携

問 会計監査人と監査役、内部監査部門、社外取締役との連携体制について説明してください。

回答例① |||||||||||||||||||||||||||||||||||||||||||||||||||||||||||||||||||||||||

会計監査人と監査役、内部監査部門、社外取締役とは、それぞれ定期的な報告などによって情報共有して連携しております。

回答例② |||||||||||||||||||||||||||||||||||||||||||||||||||||||||||||||||||||||||

会計監査人は、四半期に１回、監査役会において監査役に対し、会計監査の報告および問題点の指摘などを行っています。また、会計監査人からの指摘は、必ず常勤監査役に報告されることになっており、それに対して監査役会で検討する形で連携しております。また、内部監査部門は、監査役と情報共有しており、会計監査人からの指摘を監査役が内部監査部門に伝達したり、内部監査によって見つかった内部統制の問題点を会計監査人と協議したりしております。社外取締役との連携につきましては、常勤監査役からの情報提供、社外役員会議での社外監査役との情報共有などをして、連携に努めておりますが、会計監査人と社外取締役が直接連携をとっていないことは今後の検討課題です。

157

解　説

　株主から、会計監査人と監査役などとの連携について聞かれた場合、株主は、会計監査人が情報収集できる体制が充実しているかどうかを聞きたいと思われます。そこで、会計監査人と監査役、内部監査部門や社外取締役とどのように連携しているかを具体的に説明する必要があります。

　CG コード補充原則 3-2 ②では、取締役会および監査役会に対して、外部会計監査人と監査役、内部監査部門や社外取締役との十分な連携の確保などを求めています。

　年間計画として予定されている会計監査人や内部監査部門の社外取締役や監査役会に対する報告、社外取締役と社外監査役との会議などのスケジュールを整理するとともに、外部会計監査人、監査役、内部監査部門および社外取締役それぞれの間で行われた意見交換や対応について情報収集し、まとめておくとよいでしょう。

準備資料・データ

・会計監査人の監査役会に対する報告スケジュール
・会計監査人と社外取締役の会合のスケジュール
・会計監査人の監査役会に対する報告内容
・会計監査人からの指摘事項をまとめた資料
　など

関連コード：CG コード補充原則 3-2 ②

第4章 ● "投資家目線"の株主総会想定問答集

5. 株主総会に関する想定問答

(1) 反対票が多かった理由・原因の分析

問 昨年の株主総会で、取締役選任議案に対して、反対票が多かったようですが、その理由や原因の分析状況について教えてください。

回答例① |||||||||||||||||||||||||||||||||||||||||||||||||||||||||||||||||||||

　昨年の株主総会における取締役選任議案については、代表取締役に対する反対票が多かったと理解しております。その理由および原因につきまして、3期連続の営業赤字であったことから、特に代表取締役である私に対する反対票が多かったと分析しております。

回答例② |||||||||||||||||||||||||||||||||||||||||||||||||||||||||||||||||||||

　昨年の株主総会における取締役選任議案に対して、反対票が多かったのは、当社が3期連続で営業赤字であったことにあると分析しています。3期連続の営業赤字の原因としましては、〜。また、既に発表しているとおり、第○期中期経営計画では、赤字の原因である○○に対して、…の策を講じています。

　当社といたしましては、反省すべき点は猛省しつつ、中期経営計画を計画通りに実践することにより、業績の回復に努めてまいる所存ですので、何卒ご理解賜りたく存じます。

解説

　前年度の株主総会で反対票が多かった理由について質問があった場合、株主にとっては、その理由・原因を分析した結果を聞くだけで満足

159

するとは限りません。むしろ、反対票が多かった理由や原因を分析した結果をもとに、その原因を解消するために講じた対策などの説明があることで、満足のできる回答になると思われます。

　CG コード補充原則 1-1 ①では、株主総会で相当数の反対票が投じられた会社提案議案について、取締役会が、反対の理由、反対票が多くなった原因の分析を行うことが求められていますので、最低限、反対の理由や反対票が多くなった原因の分析結果を説明できなければなりません。その上で、講じた対策まで説明できるように準備しておくべきでしょう。そのためには、前年度の株主総会における議決権行使結果に関する資料と分析の結果講じた対策をまとめて準備しておくほうがよいと考えられます。

　回答例①は分析結果のみを説明したものであり、回答例②は、分析結果を受けて講じた対策なども含めて説明したものです。

準備資料・データ
・前年度の株主総会における議決権行使結果に関する資料
・議決権行使結果を分析した資料
・前年度の株主総会における議決権行使結果に関連する対策を整理した
　資料・データ
　など

関連コード：CG コード補充原則 1-1 ①
本書参照：第 2 章 5.

第4章 ● "投資家目線"の株主総会想定問答集

(2) 招集通知の発送時期

問 私は複数の会社の株を持っていますが、他社の招集通知は当社より早く届いています。他社と比べて招集通知の発送が遅いのではないですか。

┃回答例① ‖‖‖

　当社では招集通知は会社法で求められている期間より1週間早い3週間前に発送しております。ご指摘いただきました点につきましては、真摯に受け止め、来年以降の招集について参考にさせていただきます。ありがとうございました。

┃回答例② ‖‖‖

　当社におきましても、招集通知の早期発送に努めておりますが、招集通知に記載する情報の正確性を確保することもまた重要な責務と考えております。現時点で可能な限り、早期発送しているところでございます。来年以降も、可能な限り早期発送に努めますので、ご理解賜りますよう、よろしくお願い申し上げます。なお、招集通知に記載する情報につきましては、株主総会の招集に係る取締役会決議後、速やかに当社ウェブサイトにて公表しておりますので、当社ウェブサイトをご覧いただける株主の皆様はそちらもご覧いただければと思います。

```
解  説
```

　株主から、招集通知の発送が遅いと指摘された場合、株主がそう受け止めていることは事実ですので、会社としては早期発送に努めていることとそれでも時間がかかる理由を説明することにより、株主に納得してもらえるよう回答した方がよいと思われます。株主からすれば、招集通

161

知の発送が遅くなった理由を知りたいということもあるでしょうから、そのような理由がある場合には、理由を説明すればよいでしょう。

　CG コード補充原則 1-2 ② では、上場会社は、招集通知の早期発送に努めるべきであるとされているため、早期発送に努めていることは回答しなければなりません。他方で、同原則では、「招集通知に記載する情報の正確性を担保しつつ」とされていることから、情報の正確性を確保することは、招集通知の発送が遅くなった理由となり得ます。この「情報の正確性を担保しつつ」としている趣旨は、外部会計監査人による適切な監査時間の確保が挙げられていますが（油布ほか「CG コード原案の解説〔Ⅰ〕」54 頁）、株主総会招集に係る取締役会において修正の上で決議した場合や、招集通知記載の情報を再度確認することを前提とし、修正を担当取締役に一任して決議した場合なども、情報の正確性を確保するために時間を要する一例として考えられます。

　なお、同原則後段では、「株主総会の招集に係る取締役会決議から招集通知を発送するまでの間に、TDnet や自社のウェブサイトにより電子的に公表すべきである。」とされており、株主総会の招集に係る取締役会決議後、招集通知に記載する情報を速やかに公表しなければならないことから（実施しなければエクスプレインが必要になります）、速やかに公表していることや公表日について回答することにより、株主の納得も得られやすくなると考えられます。

　回答例①では、意見として受け止めた旨のみを回答していますが、回答例②では、早期発送に努めていることを説明した上で、時間がかかる理由やウェブサイトでの公表についても説明しています。株主に納得してもらうという点からいえば、丁寧な説明が望ましいといえます。

準備資料・データ
・株主総会招集通知の発送日時

第4章 ● "投資家目線"の株主総会想定問答集

・株主総会招集通知のウェブサイト掲載日時
・株主総会招集通知発送までのスケジュール
　など

関連コード：CG コード補充原則 1-2 ②
本書参照：第 2 章 2.（4）

(3)　株主総会の開催日

問　今日も多くの会社が株主総会を開催しています。他の株主総会に
も行きたいのですが、当社では、決算期の変更を含め、総会の開催
日を工夫しないのですか。

┃回答例①┃||||||||||||||||||||||||||||||||||||||||||||||||||||||||||||||||||||||||||||||||||||
　当社では、株主総会の開催日をかなり早い時期に決めており、動かす
ことは困難ですので、ご理解賜りますようお願い申し上げます。

┃回答例②┃||||||||||||||||||||||||||||||||||||||||||||||||||||||||||||||||||||||||||||||||||||
　総会の開催日につきましては、事前に他社の動向を確実に把握するこ
とは困難であり、本日多くの株主総会が開催されていることにより、株
主の皆様にご不便をおかけしていることはお詫び申し上げます。また、
そのような中で当社の株主総会にご出席賜りましたことにつきお礼申し
上げます。当社におきましても、総会の開催日につきましては課題とし
て把握しておりますが、外部会計監査人による監査時間を確保した上で、
株主の皆様に議案を十分検討していただく時間も考慮いたしますと、現
在の日程を大幅に変更することは困難であります。今後の課題として、
検討していきますので、ご理解賜りますよう、お願い申し上げます。

163

解　説

　特に３月期決算の会社の株式を複数持っている株主にとって、株主総会の日時が重なることは、株主総会のどちらかを諦めなければならないことになりますので、切実な場合があります。ですので、株主の立場に立って、誠実に説明する姿勢で対応することが必要です。

　なお、CG コード補充原則 1-2 ③においては、株主総会関連の日程の適切な設定を求められていますが、現行法のもとにおいて、事業年度末日から決算処理、外部会計監査人の監査などを踏まえた上で、株主の株主総会議案に係る検討期間（招集通知の発送時期）をも考慮すると、３月期決算の会社の株主総会が６月後半に集中することは避けられません。本原則も、株主総会の早期開催を求めるものではなく、あくまでも株主総会関連の日程の適切な設定を求めるものです。６月総会を避けるための一つの方法としては、決算期の変更が考えられますが、決算期の変更の決定はインサイダー情報となりますから、たとえ検討しているとしても、株主総会で回答しないように気を付けましょう。

　回答例①は、会社が意図的に開催日を集中日にしたわけではないことを説明していますが、株主の目線から考えるならば、回答例②のように誠実な回答をするほうがよいでしょう。

準備資料・データ

・事業年度末日から株主総会開催日までのスケジュールをまとめた資料など

関連コード：CG コード補充原則 1-2 ③

本書参照：第 2 章 2.（3）

第4章●"投資家目線"の株主総会想定問答集

6. 政策保有株式に関する想定問答

(1) 政策保有株式の保有数と縮減

問 当社の政策保有株式は何社くらいありますか。昨年からどれくらい減らしたのか、またその理由についても具体的に教えてください。

回答例① ‖‖‖

　当社の政策保有株式は10社です。昨年からは2社減少しています。当社にとって、保有する意義が見いだせなくなった株式について売却しております。

回答例② ‖‖‖

　当社の政策保有株式は10社です。当社の政策保有株式につきましては、全ての銘柄につき、毎年個別にその必要性・合理性を判断し、当社にとって必要性・合理性が認められるもののみを残して、処分しております。昨年からは、2社減少しております。当社の政策保有に関する方針は、〜。2社につきましては、当社の政策保有に関する方針に従って判断すると、当社にとって必要性・合理性が認められなかったため、処分いたしました。

解　説

　株主から見て、政策保有株式は、保有し続けることよる利益が理解できなければ、その分を売却して設備投資などに回したほうがよいと考えることも十分あり得ます。そこで、政策保有株式に関する質問が出た場合は、政策保有株式の保有目的、保有することによるメリット、保有に

165

伴う便益・リスクと資本コストの関係などを積極的に説明する必要があります。

　CG コード原則 1-4 は、上場会社が、政策保有株式として上場株式を保有する場合に、政策保有に関する方針を開示することを求めています。また、2018 年のコード改訂で、個別の政策保有株式について、毎年、取締役会で、保有目的が適切か、保有に伴う便益・リスクが資本コストと見合っているかなどを具体的に精査して、保有の適否を検証し、開示することが求められるようになりました。さらに、同改訂では、開示対象であった「政策保有に関する方針」に「政策保有株式の縮減に関する方針・考え方など」という例示を追加することにより、政策保有株式について縮減方向の価値判断が示されました。そこで、株主総会においては、政策保有株式について、あえて増やす傾向であることなどをエクスプレインしていない限り、拡大方向での回答や漫然と保有し続けていることを前提とする回答は避けるべきでしょう。また、個別の政策保有株式について、少なくとも年 1 回、取締役会で検証する必要がありますので、自社のコーポレート・ガバナンス報告書の記載も参考にしながら、取締役会での検証結果などを回答できるよう、準備しておくことが有益です。

　回答例①では、質問に対して端的に回答していますが、回答例②では、政策保有の方針も含めて回答しており、より納得感が得られやすい回答となっています。

準備資料・データ

・政策保有株式リスト
・政策保有株式の増減がわかる資料
・政策保有株式を売却した理由をまとめた資料
　など

第4章● "投資家目線"の株主総会想定問答集

関連コード：CG コード原則 1-4

本書参照：本書第 1 章 2.

(2) 政策保有株式と資本コスト

問 当社の政策保有株式について、その保有に伴う便益やリスクが資本コストに見合っていると判断した主な理由を教えてください。

▌回答例① ▍▍

　当社が現在保有している政策保有株式については、全ての銘柄につき、保有に伴う便益やリスクと資本コストとを比較して、資本コストに見合っていると判断しております。その理由は、いずれの銘柄についても、当社の資本コストより配当金や取引上の利益が上回っていることが主な理由です。

▌回答例② ▍▍

　当社が現在保有している政策保有株式については、保有に伴う便益として友好な取引関係を維持できることが挙げられます。また、いずれの政策保有株式も、当社に計上している簿価に比して、10％程度の配当を受けられています。保有に伴って、株価下落のリスクはございますが、現在保有している政策保有株式はいずれも業績が好調であり、大幅な下落リスクは小さいと考えています。したがって、当社の資本コストと比しても、保有に伴う便益が大きいと判断しています。なお、当期に当社の資本コストと見合わないと判断した株式は 10 銘柄ありましたので、当期に売却しております。

167

解　説

　政策保有株式については、株式の持ち合いが解消されていく中で、縮減方向に向かっています。株主から見れば、政策保有株式を保有することによって、会社にどれくらいの便益がもたらされているのかが見えないため、安易に持ち合いをしていないか、気になるところです。そこで、政策保有株式の保有に伴う便益やリスクについて質問があった場合、具体的に回答すべきです。ただし、各銘柄についてひとつずつ説明していくことは現実的ではないため、ある程度のまとまりをもって具体的に説明すれば、株主の納得は得られるのではないかと思います。

　CG コード原則 1-4 では、上場会社に、毎年取締役会で、個別の政策保有株式について、保有目的が適切か、保有に伴う便益やリスクが資本コストに見合っているかなどを具体的に精査して、保有の適否を検証することを求めています。ですので、株主からの質問に対しても、毎年、個別の政策保有株式について取締役会で精査していることを説明しなければなりません。また、その際精査する内容としては、保有目的、保有に伴う便益やリスクと資本コストとの関係などになりますので、そのような内容を精査した結果として、現在も保有し続けている株式があることを説明する必要があります。

　回答例①では、抽象的な説明にとどまっていますが、回答例②のように、具体的に説明する方が、株主にとっては納得感が得られやすいと思われます。

準備資料・データ

・個別の政策保有株式について精査した内容をまとめた資料
・政策保有株式のリストと当期に売却した株式のリスト
　　など

関連コード：CG コード原則 1-4

168

〈著者紹介〉

【編著者】

鳥飼 重和（とりかい しげかず）

鳥飼総合法律事務所代表。弁護士・税理士。第二東京弁護士会所属。

中央大学法学部卒業。

顧客視点から経営・税務を中核にし、法務・税務を統合したビジネスモデル構築を主唱。

日本経済新聞社「企業が選ぶ弁護士ランキング」2013 年「税務部門」1 位、2014 年「企業法務部門」10 位、2016 年「税務分野（総合ランキング）」1 位、2017 年「金融・ファイナンス分野」5 位。

「2018 年チェンバース＆パートナーズ企業法務弁護士ランキング」税務部門筆頭。

主な著書に、『慌てない・もめない・負けない経営』（日本経営合理化協会）、『豊潤なる企業』（清文社）、ほか多数。

中西 敏和（なかにし としかず）

コーポレート・プラクティス・パートナーズ株式会社代表取締役、明治大学グローバルビジネス研究科講師。

三菱 UFJ 信託銀行、同志社大学教授を経て現職。

会社法務及び実務に関する分析、報告書作成にひろく関わる。

主な著書に、『コーポレート・ガバナンスの現状分析 2017 年版』（商事法務、2017 年）ほか多数。

【鼎談者】

木村 祐基（きむら ゆうき）

一般社団法人スチュワードシップ研究会代表理事。

一般社団法人機関投資家協働対話フォーラム代表理事・理事長。

一橋大学商学部卒業。野村総合研究所エマージング企業調査部長、野村アセットマネジメント参事・企業調査部長、企業年金連合会年金運用部コーポレートガバナンス担当部長、金融庁総務企画局企業開示課専門官を経て、2014 年、一般社団法人スチュワードシップ研究会を設立、代表理事に就任（現職）。2017 年 10 月、一般社団法人機関投資家協働対話フォーラムの設立に伴い、代表理事・理事長に就任（現職）。

著書に『コーポレート・ファイナンスの実務—「投資家との対話」と企業価値創造戦略』（共著）（中央経済社、2011 年）。

【著者】

青戸 理成（あおと まさなり）

鳥飼総合法律事務所パートナー弁護士。第二東京弁護士会所属。

早稲田大学法学部卒業。

島根大学大学院法務研究科准教授・特任准教授（平成 22 年～平成 31 年）、司法試験予備試験考査委員（商法）（平成 23 年～平成 25 年）、エバラ食品工業株式会社社外監査役（平成 25 年～）、一般社団法人日本取締役協会専門委員・取締役会の在り方委員会副委員長（平成 29 年～）。

コーポレートガバナンス、内部統制を専門分野とし、企業法務全般を取り扱う。

主な著書に『内部統制時代の役員責任』（共著）（商事法務、平成 20 年）、『内部統制の責任と現状』（共著）（税務経理協会、平成 20 年）、『新・株主総会徹底対策—平成 24 年総会の重要トピック』（共著）（商事法務、平成 24 年）ほか。

島村 謙（しまむら けん）

鳥飼総合法律事務所パートナー弁護士。第二東京弁護士会所属。

横浜国立大学経済学部卒業、同大学院国際経済法学研究科 (租税法専攻）修了。

内閣府・内閣官房参事官補佐（平成 21 年 11 月から 23 年 6 月まで）。

企業法務、M&A、IPO、税務訴訟などを専門分野としている。

主な著書に『新実務家のための税務相談（会社法編）』（有斐閣、2017 年）（共著）、『Q&A 中小企業経営に役立つ会社法の実務相談事例』（ぎょうせい、2016 年）、『ビジネスシーンごとにつかむ企業経営の法律知識』（清文社、2014 年）ほか。

北口 建（きたぐち たけし）

鳥飼総合法律事務所弁護士。第二東京弁護士会所属。

同志社大学法学部卒業、同志社大学大学院修了。製薬会社の経理財務部門での勤務を経て、大阪市立大学法科大学院を修了後、弁護士登録。

会社法や労働法等を中心とした企業法務、税務や事業承継を中心に扱っている。最近は、シェアリングエコノミー（シェアエコ）の将来性に注目し、プラットフォーム事業者等に対するリーガルアドバイスに力を入れている。

主な著書に『非公開会社のためのやさしい会社法』（共著）（商事法務、平成 27 年）ほか。

伊東 祐介（いとう ゆうすけ）

鳥飼総合法律事務所弁護士。第二東京弁護士会所属。

熊本大学文学部卒業、中央大学法科大学院修了。株式会社 NTT ドコモでの勤務を経て、弁護士登録。中央大学法科大学院実務講師。東洋大学法科大学院アカデミックアドバイザー。平成 27 年 8 月から 28 年 12 月まで株式会社日本政策投資銀行企業戦略部調査役として M&A アドバイザリー業務に従事。会社法及び金融商品取引法を中心とした企業法務を専門分野とする。主な著書に『経済刑事裁判例に学ぶ不正予防・対応策－法的・会計的視点から—』（共著）（経済法令研究会、2015 年）、論文に「適時開示制度の概要（前編・後編）」（月刊監査役 673 号・675 号）ほか。

経営に活かす株主総会の実務

投資家目線の活用を考える

平成 31 年 4 月 8 日　初版第 1 刷発行

編 著 者　鳥　飼　重　和
　　　　　中　西　敏　和
　　著　　鳥飼総合法律事務所
発 行 者　新日本法規出版株式会社
　　　　　代表者　服　部　昭　三

発 行 所　新日本法規出版株式会社

本　　社　（460-8455）　名古屋市中区栄 1-23-20
総轄本部　　　　　　　　電話　代表　052 （211） 1525
東京本社　（162-8407）　東京都新宿区市谷砂土原町 2-6
　　　　　　　　　　　　電話　代表　03 （3269） 2220
支　　社　札幌・仙台・東京・関東・名古屋・大阪・広島・高松・福岡
ホームページ　http://www.sn-hoki.co.jp/

※ 本書の無断転載・複製は、著作権法上の例外を除き禁じられています。
※ 落丁・乱丁本はお取替えします。　　　　ISBN978-4-7882-8529-3
5100059　株主総会実務　　　　　　　　ⓒ 鳥飼重和　2019　Printed in Japan